江小北与龙小山
的
法律学习之旅

未成年人保护法

孩子们的守护神

主　编｜江耀炜　武文俊

副主编｜汤云洁　吕思睿　顾雨菲

法律出版社 LAW PRESS · CHINA

北京

图书在版编目(CIP)数据

未成年人保护法：孩子们的守护神 / 江耀炜，武文俊主编；汤云洁，吕思睿，顾雨菲副主编. -- 北京：法律出版社，2023(2024.9 重印)
(江小北与龙小山的法律学习之旅)
ISBN 978-7-5197-8165-1

Ⅰ. ①未… Ⅱ. ①江… ②武… ③汤… ④吕… ⑤顾… Ⅲ. ①未成年人保护法-案例-中国 Ⅳ. ①D922.75

中国国家版本馆 CIP 数据核字(2023)第 140227 号

未成年人保护法：孩子们的守护神
WEICHENGNIANREN BAOHU FA：
HAIZIMEN DE SHOUHUSHEN

江耀炜 武文俊 主编
汤云洁 吕思睿 顾雨菲 副主编

策划编辑 冯雨春 李军
责任编辑 冯雨春 李军
装帧设计 汪奇峰 贾丹丹

出版发行 法律出版社
编辑统筹 法律应用出版分社
责任校对 张翼羽
责任印制 刘晓伟
经　销 新华书店

开本 710 毫米×1000 毫米 1/16
印张 11.75 **字数** 120 千
版本 2023 年 10 月第 1 版
印次 2024 年 9 月第 3 次印刷
印刷 北京盛通印刷股份有限公司

地址：北京市丰台区莲花池西里 7 号(100073)
网址：www.lawpress.com.cn
投稿邮箱：info@lawpress.com.cn
举报盗版邮箱：jbwq@lawpress.com.cn
销售电话：010-83938349
客服电话：010-83938350
咨询电话：010-63939796

书号：ISBN 978-7-5197-8165-1
定价：48.00 元
凡购买本社图书，如有印装错误，我社负责退换。电话：010-83938349

总　序 General Preface

让我们一起开启一场有“yi”的法律之旅吧

一

在法学教育工作中，我们观察到一个现象：孩子们选择法学专业的原因种种不一，但往往有迹可循。

譬如说，有的孩子怀有与生俱来的正义感，在他们朴素却真挚的情感里，法官能够手执天平，捍卫世间公平正义；律师能够口若悬河，拯救众生于泥淖。当然，在这些孩子眼里，最有光环的还是警察和检察官，他们头顶国徽，一身正气地代表国家除尘涤垢。

还有的孩子要现实得多。他们或是目睹至亲陷入法律困局而无法自救，或是听闻好友权益受损但不知所措，虽心有戚戚却力有不逮，遂立志精研法律以解心结。还有一些孩子因亲友经商，而近水楼台地窥见了商业运作的真相，他们早熟的规则和权利意识令人讶异。

当然，因为“喜欢”而选择法学专业的才是大多数，只不过喜欢法律的原因富有浓郁的年代气息。40岁左右的法律人，大多是因为港片而初识法律，不少人在入门后方知所要面对的全然不同于港片中描述的那样，电视剧中的法政先锋、律政精英只能停留在儿时的回忆之中。再年轻些的，深受《今日说法》的熏陶，每天午间都有一个离奇、惊悚或唏嘘的法律故事吸引着他们，这些故事来自生活又高于生活，不断刷新着想象力，“诱惑”着他们把法律职业作为毕生挑战。最近这几年，孩子们的答案大多是“罗翔”，不得不说罗翔老师的“出圈”，推动了中国法治建设，至少是中国法治教育的巨大进步，他荣获“CCTV年度法治人物”，实至名归。

可以说，除了一些“随便”“都行”的孩子之外，学习法学的动机大体可以用有意义、有益处、有意思来概括。

二

2020年9月15日，南京市江北新区少年法学院正式挂牌成立。

如何把少年法学院办好？如何用孩子乐于接受的叙事方式普及法律知识？如何让法律成为孩子的守护神？如何培养孩子的法律思维，让法律像水和空气一样成为日常必需品？这样一个重大且重要的课题摆在了我们面前，我们虽觉责任重大，但又内心雀跃，因为对我们而言，即将开启的是一场有意义、有益处、有意思的青少年普法之旅。

这三年来，我们坚持每天推出“法治小课堂”，定期拍摄法治微视频，为孩子们营造浓厚的法治氛围。我们坚持每个月开展一场德法课师资培训、法治课堂或家长课堂，有关《宪法》《民法典》《未成年人保护法》《家庭教育促进法》《个人信息保护法》等主题的20多场专题讲座，显著提升了师生的法治素养。我们坚持每年举行一次青少年法治活动，如法治故事大赛、模拟法庭大赛、法治书画大赛以及规划中的法治情景剧大赛等，覆盖新区所有中小学，孩子们通过沉浸式参赛体验，达到了自我教育的效果。我们坚持每年开展青少年法治宣传教育周、宪法日等活动，让法治节日成为孩子成长道路上的重要印迹。

应当说，少年法学院的工作有声有色，但我们内心总还是有些忐忑：通过几次讲座、几场活动，孩子们真的能准确地理解精深的法律知识吗？课堂和活动的热闹退去，孩子们脑海中的法律知识还能残存几许？高度抽象的法律知识如何映射到日常生活中，孩子们是否能够举一反三，用法律来武装自己？

三

一个偶然的机会，让我们找到了答案，也直接促成了本套丛书的问世。

2021 年，我们受邀到一个中学开展法治读书会活动。十几岁的孩子，当然得读青少年普法读物。于是，我们到网上商城选购了一些，翻阅后却发现没有特别合适的读物。有的只是对法律条文进行释义，有的通过百余字的案例来解读法律制度，还有的以绘本形式来迎合青少年的阅读需求。更让我们吃惊的是，不少读物差不多是 5 到 10 年前出版的，没有结合法律的修订更新版本。反复比较后，我们选中的是一本少年文学作家写的法律故事书，故事虽然生动，但某些表述并不准确。

这一现状激发了我们调研的热情。

我们发现，中小学《道德与法治》课程中，小学部分涉及

30 部法律法规，中学部分涉及 50 部法律法规、6 部条例和司法解释。教材有限的体量，显然无法呈现精深的法律知识全貌。况且，目前中小学使用的人教版《道德与法治》教材是 2017 年出版的，关于《宪法修正案》《民法典》《刑法修正案》《个人信息保护法》《长江保护法》《家庭教育促进法》《反食品浪费法》等最新立法都无从体现。

同时，我国中小学尚未配备一支具有法律专业背景的德法课教学师资队伍。部分德法课教师对法学基础理论、法律规范内容都是一知半解，在教学过程中经常有想不清、拿不准、说不对的情况；如果学生的提问超出教材范围，教师们往往无法解答，他们迫切需要一套权威、翔实、管用的参考书目。

毫无疑问，编写一套青少年法治教育读物，不仅是一件特别有益的事情，而且是一项有意义的工作。

四

我们在编写前，确定了几个基本的原则。

第一，要融入习近平法治思想、社会主义核心价值观与基础法学理论。本套丛书不仅仅简单地通过案例故事，链接法规法条，讲述行为规范，更注重坚持马克思主义立场观点方法，植根于中华优秀传统法律文化，比较人类法治文明的成果，潜移默化地讲清讲透坚持党的领导、坚持以人民为中心、坚持建设中国特色社会主义法治体系等宏大命题的理论基础和现实意义，深入浅出地阐释依法治国与以德治国、社会主义核心价值观与依法治国的内在统一关系，初步建立学生对法的概念、对象、本质、价值等基础法学理论的直观、形象、科学的认知。

第二，动态呈现最新立法理念和成果。要科学及时地反映中国特色社会主义法治体系建设的最新成果，融入《宪法修正案》《民法典》《刑法修正案》《个人信息保护法》《长江保护法》《家庭教育促进法》《反食品浪费法》等最新法律法规。并以修订本、在线教学资源、视频教学资源等形式实时动态反映立法、执法与司法的最新成果。

第三，贴合青少年现实需求，分类编写系列法律读物。以法学二级学科为主要依据，以与青少年成长密切相关的法律问题为主要内容，第一辑先行编写宪法、民法典、未成年人保护法、环境保护法等分册，并陆续推出刑法、反电信网络诈骗法、行政处罚法、消费者权益保护法以及应对气候变化、公共卫生与自然灾害应急管理等领域的读物。

第四，尊重中小学教学规律，填补青少年法治教育资源空白。在编写中严格遵循教育学、心理学等学科的基本规律，同时依托江北新区少年法学院，对每一章节进行试讲试用，根据课堂教学反馈调整完善，确保本套丛书文字简练、语言生动、贴近生活、故事性强，成为青少年喜闻乐见的教辅读物。

第五，充分吸收中华优秀传统法律文化与人类法治文明优秀成果。出版中华法治小故事和世界法治小故事分册，以中华优秀传统法律文化增强“四个自信”，从人类法治文明的优秀成果中拓宽视野，做到包容开放。这也是当前市面所售的青少年法治读物从未有过的尝试。

五

给孩子写的法律书，必须是有趣的。

我们把故事的主人公设置为在江北新区工作、学习的一家四口。

江小北是八年级女生，今年 14 岁，成绩优秀，乖巧懂事，富有正义感和同理心；龙小山是江小北的弟弟，今年 8 岁，刚上二年级，成绩中等，懵懂淘气，富有好奇心和创造力。小山随爸爸姓，小北随妈妈姓。

龙爸爸是一家生物医药公司的首席科学家，今年45岁，兢兢业业，事业处于上升期，对孩子们细致耐心，热心于公益事业；江妈妈是一家电子商务公司的销售主管，42岁，公司的业务骨干，也是孩子们生活和精神上的依赖。

我们身边是不是有很多这样的家庭，甚至我们自己就生活在这样一个温暖的家庭中呢？在他们身上发生的很多开心的事、头疼的事、难过的事，也一定是在我们生活中所经历过的。

但是，无论遇到什么样的事情，你会发现，江小北和龙小山他们一家人只要正确地运用法律武器，就能够保护自己、帮助他人、维护公平正义。他们在法律的学习之旅中不断进阶，法律知识也日益融入他们的日常生活。

相信随着阅读的深入，你会喜欢上这一家人，会为他们的收获而开心，为他们的困难而担心，为他们的烦忧而难过。更重要的是，在这样一段有“yi”的法律旅程中，你也一定能成长为法律知识小达人。

六

最后照例是感谢。

除了有意义、有益处、有意思，“yi”还有很多特殊的含义。

（1）始终如“yi”（一）。本套丛书的问世离不开南京信息工程大学、江北新区综合治理局、江苏博事达律师事务所等单位领导的高度认可，尽管这不能算作任何一家单位的KPI（关键绩效指标），但他们自始至终给予了最大的人力和物力支持。

（2）深厚情“yi”（谊）。本套丛书的问世得到了很多朋友的无私帮助。江北新区教育和社会保障局、南京信息工程大学附属实验小学、南京建宁中学等诸多单位的志同道合者，为丛书贡献了许多“金点子”，并提供了调研和试讲的机会。常欣妍警务工作室为插图提供指导，丛书中“常警官说”的人物肖像，就来自她的慷慨授权。

（3）仁心胜“yi”（医）。本套丛书能得到法律出版社的青睐，是对我们努力的最大肯定。法律出版社在选题、编辑、设计、装帧、审校各环节无不表现出专业、严谨、细致，确保丛书能高质量地完成。能遇到责编李军，更是我们的幸运，她专业细致的指导，“007”般的在线响应，不厌其烦的答疑，有求必应的反馈，医治了丛书中一个又一个错讹。

（4）坚定不“yi”（移）。编写团队的成员有教师、国家公务员和资深律师。每位编写者都有着繁重的主责主业，拥有着“回报”率更高的工作。但每一个人都不计得失，经常用节假日的时间聚在一起，开展调研和讨论，有始有终，没有一个人中途掉队。法政学院的一些本科生和研究生也参与了故事的创作，可以说他们就是江小北本北和龙小山本山，他们的创新、高效和坚持值得点赞，他们与江小北和龙小山的共同成长必将成为值得珍藏的特殊记忆。

编委会

2023年5月4日

序 言

Preface

《未成年人保护法》是以保护未成年人为目的的法律。除了《未成年人保护法》以外，还存在专门保护特定人群的立法，但此类法律往往在特定人群后面加上“权益”二字，如《妇女权益保障法》《消费者权益保护法》《归侨侨眷权益保护法》等。《未成年人保护法》没有“权益”二字，是因为法律对未成年人的保护更加全面，而不仅仅是“权益”。

法律与生活从来都不是割裂的，《未成年人保护法》与我们每一天相伴。我们平时乘坐公交车，进入图书馆、科技馆、博物馆、动物园、植物园等场所能够享受免费或者折扣优惠；我们能够在学校接受义务教育，在家受到父母或者其他家庭成员很好的照护等，所有这些都得益于《未成年人保护法》提供的法律保障。可以说，未成年人的保护离不开法律，同时，法律存在的意义恰恰是通过告诉全社会应该做什么、不能做什么，来建立稳定的社会生活秩序。

“法律为了制度的安全，‘无赖假设’充斥其中。”在法律的世界里，我们将看到社会最黑暗的一面，将看到父母可能虐待孩子、老师可能体罚学生、有缺陷的学生可能受到歧视、适龄儿童可能辍学……而所有这些都是《未成年人保护法》所明确禁止的。法律关注世界悲惨一面的同时，也告诉我们未来可期。

那么，《未成年人保护法》规定了什么内容呢？《未成年人保护法》通过132个条文建构起家庭保护、学校保护、社会保护、网络保护、政府保护和司法保护六大保护体系，并在“法律责任”一章明确规定了违反法律将受到的惩罚，而这些惩罚性规定使《未成年人保护法》更具刚性，像“长出了牙齿”一样。

法律文字中没有生僻字，即便我们是小学生，法条中的每一个字可能都认识，但是这些文字组合起来表达了什么，似乎不太容易看懂。“法律是一套编码，法外狂徒张三就是一个符号，不指向任何特定的人。”法律的生命不仅仅在于逻辑，更在于经验。“徒法不足以自行。”只有通过解释，结合具体的案例，读者才能对具体法律条文表达的内容有所感知。

在这本书里，我们可以通过龙小山、江小北身边发生的20个小故事，学习、理解《未成年人保护法》中的部分条文内容。通过这些故事，我们可以更好地理解《未成年人保护法》给我们提供了什么样的特殊保护，并可能产生一种《未成年人保护法》还给我们提供了什么样的特殊保护的学习冲动。

当我们都知法、懂法、尊法、守法，甚至还会用法，懂得通过法律武器维护自身合法权益时，《未成年人保护法》也就真正成为了我们的守护神。

人物介绍

江小北（八年级女生，14岁，姐姐，成绩优秀，乖巧懂事，富有正义感和同理心）

龙小山（二年级男生，8岁，弟弟，成绩中等，懵懂淘气，富有好奇心和创造力）

龙爸爸（生物医药公司的首席科学家，45岁，兢兢业业，事业处于上升期，对孩子们细致耐心，热心于公益事业）

江妈妈（电子商务公司的销售主管，42岁，公司的业务骨干，是孩子们生活和精神上的依赖）

目 录

Contents

001 序 幕

006 1. 坚定说“不”

015 2. 真正的勇敢

025 3. 我们都是好孩子

033 4. 为什么是我?

040 5. 它们也会哭泣的

047 6. 报告老师

054 7. 我们要学会自我保护

062 8. 消防体验课

070 9. 他不是“木偶人”

10. 姐姐的举报 077
11. 龙小山帮倒忙 083
12. 离家出走 091
13. 被“捣毁”的秘密据点 100
14. 不该出现在这里 108
15. “书呆子”和“手机呆子” 115
16. 变身“名侦探” 121
17. 假装大人 129
18. 他应该和我们一样 137
19. 谢谢您为我们“撑伞” 146
20. 小“证人” 156

序幕

“您和爸爸放心加班，我会听姐姐的话的。”小山听到妈妈打电话说晚上她和爸爸都要加班，简直开心到起飞。

小山噌的一声蹿到沙发上，一边打开遥控器，一边喊着姐姐小北：“姐，爸妈晚上不回来了，给我们叫了外卖，我在客厅等着了啊。”

“又想趁爸妈不在家看动漫，你快去做作业，一会儿有一个对战答题节目《一站到底》，我还要看呢。”小北说道，心想爸妈不在家，自己当然应当掌握话语权。

“我是弟弟，你要让着我，你看看，我们国家还有《未成年人保护法》呢，我应该有特别的权利，受特别的保护。”小山有点得意地说，学校的这一节德育课他非常认真地听了，没想到还能借此反驳小北。

“你知道《未成年人保护法》，那也应该知道孔融让梨的故事吧？古有‘倚老卖老’，你这是‘倚小卖小’啊！况且，我也是未成年人哦。”小北不甘示弱。

姐弟俩争得面红耳赤，突然，从窗外闪进一束火光，“蹦”到餐桌下面，还冒着白烟。

“姐……姐……这是什么啊，是陨石掉到我们家了吗？”小山紧紧抓住小北的衣服。

“我想应该不能，陨石的冲击力不会这么温柔。”小北虽然也很震惊，但是在弟弟面前还是故作镇定，假装在冷静地思考这是什么。

“姐姐又在秀自己的知识。”小山一边心里想着，一边壮着胆子朝着餐桌走去。没等小北伸手去拦，小山已经捡起了那个刚才还冒着烟的小石头。只见这石头外形酷似一节快要用完的粉笔，却又晶莹剔透；又似一粒饱满的花生仁，却在底部被虫子蛀了三个小眼儿。

“你看，真的是陨石吧！”小山得意地拿着这个小石头跟姐姐小北炫耀。

“你在说我吗？”突然有声音从石头底部的三个“虫眼儿”传出，“花生仁”同时还扭了扭身体。小山吓得马上把它扔掉，抱住了小北。

“哎哟！虽然我不怕摔，可你也不能不提前讲一下，就把人家扔掉吧？真是个不讲礼貌的小孩子。”小石头在空中悬停在两人面前，顿了一顿，又说道：“你们不要怕，我是来自未来的信息存储机器人，我的工作是收集、记录、存储以往历史关于未成年人保护的信息资料。可是由于系统故障，你们所处的这段时空信息缺失，我只好通过时空隧道穿越过来重新记录和收集啦。哦，对了，你们听好了，我的专业名称叫作‘未来型高科技人机神经互联存储分析智能机器人’。”

“那个……我好像懂了，大概就是你把作业弄丢了，只好回到家再重新做一遍，是吧？小未。”由于刚才太紧张，那名字又太长，小山没记住，只记得有个“未”字，索性给这个小机器人起了个简称。

“什么，小未？听好了，小孩子，我叫‘未来型……’。”石头似乎很不服气这么神气的名字居然被叫得这么平凡。

“小未，那你怎么会来到我家呢？未来人类说的话也跟我们现在一样吗？没看到你有翅膀，但是你好像会飞呢？你说话也耗电吗？怎么给你充电？”没等小未说完，小山已经把这个名字叫顺口了，并提出了一堆问题。

“这个嘛，系统出了点小问题，我在穿越来的路上迫降到这里，而且我的一些功能损坏了，看来这个收集过程要比较漫长咯。”小未望着星空，似乎还有点感伤。

“我懂了，这是再做的一遍作业也没有做明白。”还没等小未回答完所有问题，小山就开始简单粗暴地总结第一个问题的答案，似乎忘了自己还提了好多问题。小山三句话不离作业，把小北给逗笑了。

“你总是这么胡乱理解，曲解本意，《未成年人保护法》是保护未成年人的合法权益，当然不包括让姐姐迁就你看电视啦。”小未气愤地说。

“你怎么知道我跟姐姐刚才说的事，你明明是在我们聊完才进来的？”小山的小脸上又出现了大大的疑问。

“你看，你没有认真记我的名字吧。我名字里面为什么有‘互联’啊，我可以通过触碰来了解你内心的想法和短时记忆。刚才你把我抓起来的时候，我就知道了啊。”

“啊，好可怕！你不要碰我啊，不要过来啊，我可不想被人监视……”小山边跑边叫，小未却一点点逼近。这个画面滑稽极了，小北又被两个小家伙逗笑了。

姐弟两个和小未在以后的日子中，会碰撞出怎样的火花呢？来自未来的小未又有什么神奇的功能呢？它能否顺利完成自己的任务呢？让我们翻开书本，开启《未成年人保护法》的学习旅程吧！

1

坚定说“不”

“爸爸、妈妈、姐姐你们快点啊，一会儿到爷爷奶奶家都天黑了。”小山迫不及待地喊着。

“哎哟！小山，你都嚷嚷一早上了，就这么着急见到‘小猎豹’啊！”小北对急躁的弟弟有点不耐烦了。

小未突然凑到小山耳朵边说：“什么，小猎豹？你们这个时代的人类在家里养这种动物当宠物吗？这对小孩子，不不，对成年人来说都是非常危险的……”

小山一脸无奈，这个来自未来的高科技机器人真是脑洞又大又敏感：“‘小猎豹’当然不是真的豹子，这是我堂哥的绰号。堂哥一直生活在乡下，他虽然只比我大几岁，但是他懂的可多了，他讲的东西可比课本上有意思得多。而且他跑得特别快，经常在田间欢快地跑来跑去，活像个小猎豹。所以才有这样的绰号。”

由于已经有两年没回去了，一到老家，还没来得及去找堂哥，就被长辈们热情地“问话”，龙小山有点沮丧，还好晚饭的时间就可以见到堂哥了。

晚饭时，堂哥终于来了，他一进门，小山就热情地打招呼：“堂哥来这边坐。”

可是堂哥仿佛没听见他说话，转身去了大人们的餐桌。

“这就是‘小猎豹’？你们真的经常一起玩吗？”小未不合时宜地插话，这让小山更加沮丧。不过，想着这几天又能跟堂哥切磋球技，听堂哥讲讲田野间的故事，小山又开心了起来。

小山也好奇，之前堂哥吃饭都坐在自己旁边，为什么要去大人那边呢？小山吃饱喝足后悄咪咪地来到大人们吃饭的地方，看到堂哥正与大人们“把酒言欢”，手里还夹着根烟，觥筹交错、烟雾缭绕。

这景象着实把龙小山看得有点懵了，记忆里的堂哥还是刚上中学的样子，现在的堂哥俨然一副大人模样，举手投足间有点商业精英的气质。小山正想得入神，小未咳嗽了几声：“咳咳咳，太呛了！”

“你不是机器人吗？怎么也能感受到这个……”

没等小山说完，就被大伯的声音打断：“小山啊，你在跟谁说话呢？”

“没谁啊，我来找堂哥的。”小山一来担心小未暴露，二来担心小未拆自己的台，赶紧把小未留在了门外。

小未被留在门外，嘴里却嘟囔着："这个小不点，怎么自己'羊入虎口'啊！不行，我得去找小北，让她管管这个不听话的小不点。"

小山扭扭捏捏地走到大伯身旁，他真想像堂哥一样自信地同大人们说话，做点男子汉应该做的事。

大伯看出了龙小山的害羞，晃晃悠悠地举起装满红酒的杯子，"来来来小山，跟大家喝一个，看看长这么高的小伙子，酒量有没有长起来啊！"看小山摆手拒绝，大伯又打趣地说："这就是杯葡萄汁啊，看看你堂哥，现在要超过他老爸我啦！"说完，大人们都哈哈大笑起来。

小山不自觉地往堂哥身边凑一凑，被烟雾包围，多了一份安全感，也掩饰了自己的慌张，只是这烟味呛得人难受。

"龙小山，你怎么在这里？"大人们的笑声被盖住，小北气呼呼地站在门口。

被姐姐拽回来的小山还有点懵，小北生气地说道："小山，你刚才喝酒了吗？抽烟了吗？你才多大，千万不要染上那些陋习，特别是吸烟，吸烟会损害……"

小山被小北连珠炮似的问题弄得有点烦了，没等小北说完，小山就挣脱开："堂哥不也开始喝酒抽烟了吗？我就是要向他看齐。

肯定是小未告的状，你们真是多管闲事。”小山说完扭头就走。

“你你……”小北看着小山离去的背影，气得说不出话来。姐弟俩生了一晚上的气，谁也没有理谁。

第二天一大早，小山兴冲冲地去找堂哥，约了几个小伙伴一起踢足球，他在学校里学习了一些新“招式”，想在堂哥和小伙伴面前显摆显摆。小山有使不完的劲儿，过人、进球，仿佛梅西附身。

“咦，堂哥呢？”小山回头一看，平日与自己在足球场上并肩作战的堂哥，怎么拄着膝盖在那喘着粗气。“难道是学习太累了？肯定是这样。堂哥一定是学习压力大，不怎么锻炼。”正想着，堂哥摆摆手，表示要休息。

小山悻悻地走到一边坐下。这时候，小北坐到他旁边，语重心长地说：“小山，你知道我昨天为什么那么生气吗？因为这些餐桌陋习已经毁掉一个孩子了，你看看你堂哥，曾经是多么阳光朝气的少年，在绿茵草地上如风一般自由奔跑，现在过早地接触烟酒，我问过伯母了，堂哥这两年的体能真的不如以前，还经常咳嗽。”小北越说越气，“大伯不但没有出面制止，还鼓励堂哥这样做。”小北又拿出手机搜索相关未成年人吸烟喝酒产生危害的照片……

堂哥退出了足球比赛，他远去的背影，仿佛一只“小猎豹”落寞地走向丛林。

“那我们能为堂哥做些什么呢？”小山有点失落地问。

“我建议你们一会儿找龙爸爸，让他去跟大伯谈一谈。这样可以让龙爸爸意识到问题的严重性，他们之间也更好沟通。”小未在旁边忍不住插话。

小北和小山把爸爸妈妈召集过来，召开了一次紧急家庭会议。小北认真地把小未之前告诉她的话转述给爸爸：“您要找大伯谈一谈，堂哥还未成年，父母作为监护人，有义务去守护青少年的身心健康，不能让他们过早地接触有害身心健康的事物。而且这也是被《未成年人保护法》所明令禁止的。”

龙爸爸认识到了自己的错误：“之前只顾着对你姐弟俩的教育

却忽视了你大伯对你堂哥的不当教育。”他真诚地向小山小北道歉，并表示一定以行动坚决抵制这种陋习，培育良好的家风。

果然，在随后的几天里，饭桌上“清新”了许多，但是堂哥好像在躲着他，小山也没再见到堂哥，小北安慰弟弟：“现在换他害羞了。”

快到离开的时候，小未拿给小山一个优盘：“这个拿给‘小猎豹’，这里面是我在你们的网络世界里搜索到的足球教学视频，就你学的那点小技巧，能拿出来秀也算勇气可嘉。”

“谢谢你，小未。”小山没有埋怨小未有点伤人的说话方式，他知道小未也是真心想帮助堂哥。

临别之际，小山终于看到堂哥，他飞奔着过去，递给堂哥一个信封，信封里装着一个优盘，还有一张字条，上面写着：“致我的偶像‘小猎豹’：希望不久的未来，仍能与你在绿茵场上并肩作战。”

常警官说

无论是成年人还是未成年人，吸烟、喝酒都有危害，而未成年人吸烟、喝酒的危害更大，未成年人的大脑正处于发育的阶段，酒中的酒精成分会危害脑部神经的发育。酒精摄入后不仅会刺激胃肠道，产生不适的症状，还会影响营养的摄入，阻碍未成年人的身体发育。所以，我们要养成好习惯，做一个健康阳光的好孩子。

法条链接

《中华人民共和国未成年人保护法》

第十七条　未成年人的父母或者其他监护人不得实施下列行为：

（一）虐待、遗弃、非法送养未成年人或者对未成年人实施家庭暴力；

（二）放任、教唆或者利用未成年人实施违法犯罪行为；

（三）放任、唆使未成年人参与邪教、迷信活动或者接受恐怖主义、分裂主义、极端主义等侵害；

（四）放任、唆使未成年人吸烟（含电子烟，下同）、饮酒、赌博、流浪乞讨或者欺凌他人；

（五）放任或者迫使应当接受义务教育的未成年人失学、辍学；

（六）放任未成年人沉迷网络，接触危害或者可能影响其身心健康的图书、报刊、电影、广播电视节目、音像制品、电子出版物和网络信息等；

（七）放任未成年人进入营业性娱乐场所、酒吧、互联网上网服务营业场所等不适宜未成年人活动的场所；

（八）允许或者迫使未成年人从事国家规定以外的劳动；

（九）允许、迫使未成年人结婚或者为未成年人订立婚约；

（十）违法处分、侵吞未成年人的财产或者利用未成年人牟取不正当利益；

（十一）其他侵犯未成年人身心健康、财产权益或者不依法履行未成年人保护义务的行为。

想一想

同学们，在日常生活中，我们难免会遇到家庭聚餐或者其他宴会，这时候别人开玩笑让你沾一口酒试试，你应该怎样礼貌拒绝呢？

2

真正的勇敢

最近小山和小伙伴们一放学就往外跑，因为他们在学校附近发现了一个好玩的地方——一座半废弃的厂房，这里白天基本没有人来，晚上有附近的居民跳广场舞。在放学后到晚上广场舞开始之前这一小段时间，他们刚好可以在这里肆意玩耍。

从墙外的土堆上可以翻进院子里，墙边有棵枝干繁茂的大树，粗壮的枝干刚好可以爬来爬去，小山边爬边说："哈哈，我们近看是小学生，远看像是一群小猴子。"小伙伴都被逗笑了。

"我说钱多多同学，你也上来嘛，你看这树干也不高，你就这样抓着，掉不下去的。"小山冲着树下坐着的男孩叫着。这也是他的好朋友——聪明、老实，学习超级好的钱乐。之所以叫他钱多多，是因为一次他们分享长大的愿望时，钱乐的回答让人大跌眼镜，本以为他会说成为科学家、工程师，他却说要赚很多的钱，自此，几个小伙伴给他取了外号，叫"钱多多"，也算是一种祝愿吧。

钱乐摇摇头，小山和小伙伴们爬来爬去，他都笑着看着他们。钱乐负责给他们看着书包，在他们下来的时候，扶着小伙伴们以免摔倒。

“多多，你什么都好，就是啊！缺了点勇气，做人呢，要勇于挑战，要勇敢……”小山学着爸爸的样子开始说教了。

气氛到这了，其他小伙伴们也怂恿起来，钱乐还是静静地坐着，任由小伙伴们吵嚷。

“我看钱多多同学应该多个外号，叫‘钱包’，简直是个小怂包。”小雨边说边往下跳。

钱乐上前去扶，小雨却一把推开：“不用啦！‘钱包’！”小伙伴们又笑了起来。

小山没有笑，反而觉得有点丢人，平日这些小伙伴里，他和钱乐玩得最好，没想到他这么“大胆”的人，却有这么个“钱包”朋友。

“钱乐！你怎么还不回家？一天到晚就知道在外面玩，快回家做作业！”钱乐被这声音吓得一激灵。一听，这就是钱爸爸的声音，其他小伙伴们赶紧从树上下来了，钱爸爸平时很严肃，大家都有点怕他。明天就是周末了，本想着今天多玩会儿，这下可泡汤了，大家都灰溜溜地走了。

“嘟嘟嘟……”电话终于接通了，“喂！小山啊，乐乐说他不舒服，这周不跟你出去了。”钱爸爸给小山打来电话。

本来每个周末小山和钱乐都约着一起做作业的，这次明显是被拒绝了啊！周五还好好的，而且钱乐身体向来很棒的。小山在床上辗转：“乐乐是生气了吧？我不该让小雨他们那样讲他。或许他恐高呢？或许他觉得不好玩呢？或许……”小山下决心周一向钱乐真诚道歉，毕竟不会爬树也没什么大不了，他可不想因此失去一个好朋友。

可是周一一整天，钱乐好像都躲着他。放学后，钱乐收拾好书包就直接回家了。小山郁闷极了，他好担心钱乐再也不理他了。第二天，他堵住钱乐，拉住他想说对不起，可是钱乐胳膊像是被电到一样，一下子弹开。“你胳膊怎么了，真的是不舒服？哎呀！你别走啊！等等我。”小山追过去，可还是被钱乐甩掉了。

小山更加郁闷了，回到家也闷闷不乐。

“想什么呢，小不点？”小未见状，先和小山打招呼。

“你回来了？小未，调研得怎么样？”小山心神不宁地问。

“让我来读取一下你的想法。”小未试图了解小山不开心的原因。

“我都说了不要读取我，哎呀呀！讨厌！”小山不想被看穿。

“你在担心你的朋友，这好办，我去侦察一下，等着吧！”小未刚碰到小山的发梢就感应到小山的想法，并迅速提出解决方案。

月亮慢慢爬上来，小未才回来。“你怎么才回来，你不是唰地一下就可以读取想法的吗？快说说怎么回事，钱乐是不是还在生我的气？”

“问题可能比你想象得严重……”小未耐心地跟小山解释钱乐的遭遇。

“什么？钱乐被他爸爸打了？就因为我们说他是‘钱包’他没有反抗？他被打过很多次，就因为没考满分，衣服被树枝刮破……不行！我要去找老师，找警察叔叔。”小山既震惊又气愤。

“小山等等，或许钱乐不愿意说呢？之前也有邻居奶奶看到钱乐受伤，怀疑是他的家长打的，报警后，钱乐却说是自己摔的。”见多识广的小未能够感觉到事情没有那么简单。

“他为什么不愿意？他一定是怕他爸爸。”小山脱口而出。

“或许是吧。我只能读取记忆进行分析，现在看来很有可能是这样，我建议你明天好好和你的好朋友聊一聊。”

第二天小山做好万全准备，决心帮助钱乐脱离苦海。放学后，他把钱乐拉到一边：“你爸爸打了你，我都知道了，你为什么不跟警察叔叔说？放心，我会帮助你，你可以先在我家住下，你要是把这个事情告诉警察，你爸爸一定会受到惩罚的……”

“我求求你不要，爸爸很爱我的，小时候他经常给我做我爱吃的菜，带我去游乐场，但是后来他做生意失败，脾气就变坏了，妈妈也离开家了；如果爸爸也被抓走，我就没有家人了。”说着，钱乐哭了起来。“我说赚很多钱，就是希望爸爸有钱了可以快乐起来，之前妈妈说过，他给我取名钱乐，就是希望我能快乐长大。”

“可是，可是……”

没等小山说完，小未拉住小山，在他耳边说：“你听我的，这样讲：乐乐，我知道你是因为爱爸爸才忍受这些。但是这样做的后果你要好好想想，你爸爸现在越来越颓废，脾气越来越暴躁，你都在忍气吞声，你爸爸自己的人生也将逐渐黯淡，甚至走上违法犯罪的道路。你现在能做的，应该是趁着还不晚，告诉他这些。我也相信他是爱你的，那天你爸爸为什么打你，因为别人骂你是小怂包，他很生气，他觉得自己的儿子要做非常勇敢的人，这也是他的期望，大声说出来，这也是一种勇敢。”

对于小未的建议，小山从未拒绝，他对钱乐复述了一遍小未说的话。

钱乐点点头，小山带着钱乐找到了老师。老师也非常气愤，要带着他们去报警，钱乐却阻止了。小山以为钱乐又要反悔，钱乐却说，他想自己先和爸爸讲。

老师、小山陪同钱乐回到家，钱乐这次终于勇敢地向爸爸倾诉他身体和心灵上的伤痛。最后，小山还拿出了刚才与钱乐对话的录音，他本来想作为证据的。钱爸爸听完低着头，眼泪噼里啪啦地流下来，他紧紧地抱着钱乐："乐乐对不起，爸爸错了，我因为自己的软弱不敢向前看，不敢在挫折中站起来，却让你受了这么多伤害，爸爸以后要正视自己的行为，好好地爱护你。"

"同学们，老师昨天布置的作业——什么是真正的勇敢，有的同学认为是敢在游乐场坐过山车，有的同学认为是敢蹦极攀岩，有的同学认为是敢爬树。在这里，我想表扬一下龙小山和钱乐同学，他们认为，勇敢是不顾他人的误解，仍然坚守内心帮助别人；勇敢是能反思自己的行为，认识自己的错误并真诚道歉；勇敢是能指出师长、父母的错误，并大声表达自己的想法。"

钱乐和小山会心一笑，钱乐望向窗外，他看见爸爸远远地站在马路边向他挥手，这是准备快乐地回家的信号。

常警官说

近年来，我国对遏制家庭暴力的力度一直在加强。《民法典》《反家庭暴力法》等从立法层面给施暴者立威，为家暴受害人提供强有力的法律保障。众多群团组织也在通过各种方式进行反家暴普法宣传，努力将家暴的隐患消灭在源头。

我国《反家庭暴力法》规定：家庭暴力，是指家庭成员之间以殴打、捆绑、残害、限制人身自由以及经常性谩骂、恐吓等方式实施的身体、精神等侵害行为。遇到家庭暴力，要勇敢地寻找帮助。可以在第一时间拨打“110”报警求助；也可以向亲人、朋友或者老师寻求帮助；还可以向居民委员会或村民委员会等其他组织求助。

法条链接

《中华人民共和国未成年人保护法》

第十七条 未成年人的父母或者其他监护人不得实施下列行为：

（一）虐待、遗弃、非法送养未成年人或者对未成年人实施家庭暴力；

（二）放任、教唆或者利用未成年人实施违法犯罪行为；

（三）放任、唆使未成年人参与邪教、迷信活动或者接受恐怖主义、分裂主义、极端主义等侵害；

（四）放任、唆使未成年人吸烟（含电子烟，下同）、饮酒、赌博、流浪乞讨或者欺凌他人；

（五）放任或者迫使应当接受义务教育的未成年人失学、辍学；

（六）放任未成年人沉迷网络，接触危害或者可能影响其身心健康的图书、报刊、电影、广播电视节目、音像制品、电子出版物和网络信息等；

（七）放任未成年人进入营业性娱乐场所、酒吧、互联网上网服务营业场所等不适宜未成年人活动的场所；

（八）允许或者迫使未成年人从事国家规定以外的劳动；

（九）允许、迫使未成年人结婚或者为未成年人订立婚约；

（十）违法处分、侵吞未成年人的财产或者利用未成年人牟取正当利益；

（十一）其他侵犯未成年人身心健康、财产权益或者不依法履行未成年人保护义务的行为。

《中华人民共和国反家庭暴力法》

第十五条第一款　公安机关接到家庭暴力报案后应当及时出警，制止家庭暴力，按照有关规定调查取证，协助受害人就医、鉴定伤情。

想一想

同学们，故事中老师最后提到的“真正的勇敢”对应故事里的哪些行为呢？面对身边朋友或同学遭遇家庭暴力，还能通过什么方式来维护未成年人的权利呢？

3

我们都是好孩子

“哎呀！小浦，你又乱丢垃圾。”小博眉头一皱，很是气愤。

“就是嘛！”周边几个女生也附和着，“乱扔垃圾不好。”

“知道了，知道了。”小浦不耐烦地挠挠头，很不情愿地捡起了刚刚甩在地上的碎纸片。纸撕得很碎，剩余的有点儿不好捡，他有点恼火。

小浦动手能力很强，喜欢折纸、剪纸，最近他一下课就在捣鼓什么，座位附近围着一圈碎纸和透明包装袋。

“小浦，你快把垃圾收拾好！”坐在前面的女同学小星越来越忍不住了，她爱干净，这下好了，地上乱糟糟的，碎纸片都快到她脚下了。而且，这周是他们小组做卫生。这么乱，肯定很费时间！

“小浦，你以后能不能别这样啦！这样很难打扫的！”小星憋红了小脸，用笔帽戳了戳小浦。

“知道了，今天我也值日的啊。”他头也不抬，仍然琢磨着手里的事情。

小山走过来对小星说：“没事啦，我们晚上好好打扫就行啦。”

安抚完小星，小山看到后面的小博向他耸了耸肩，无奈地摊手。

傍晚放学时，打扫卫生的人却缺了一个。“是小浦！他说他也值日的！自己却逃走了！乱丢垃圾又不负责任！”小星最先反应过来，把目光投向了小山。

小山也有点尴尬，毕竟上午是他出面缓解了矛盾。小星狠狠地跺脚，都快气哭了：“我一会儿还要去上舞蹈课呢！这下要迟到了。”

“哎，他可能忘了吧，不是故意的！”小博连忙安慰小星，“我们快点打扫吧。”

“这个……扫不掉啊。”小山扫到小浦的座位边上时说道。这些纸条粘在了地上，可能时间太久了，实在弄不掉。

“怎么了？”组长见状跑了过来。看到地上的“惨状”握紧了拳头：“小浦怎么这样啊？”

“先把其他的打扫完吧，我明天去和老师说。”

第二天，组长向班主任反映了这件令她愤愤不平的事情。“老师，您看，这就是小浦弄的。”

小浦刚好不在，班主任目睹了地面上的“惨状”。等小浦回来，老师拉着小浦去了教室外面：“小浦呀，老师看到你的座位地上粘着纸条，很不雅观，会影响教室整体的卫生情况。你热爱做手工，老师非常支持，但是老师也希望你能及时清理干净，做个讲卫生的同学。”

“老师我知道了，我会用湿纸巾和直尺把它们清理干净的。”小浦点点头。

可一等到放学，小浦又急匆匆地走了，座位边上还是没有收拾干净。同学们更加气愤了，刚好班主任来到教室，大家七嘴八舌地告起状来：“老师，小浦还是没有改掉这个毛病啊！”

“是啊！他还变本加厉了，地上的纸一层又一层，这要怎么打扫啊？”

“我看啊，老师您应该惩罚一下小浦，明天让他罚站，或者一个人把班级的卫生都打扫干净，没打扫完不能上课。”

“对，应该惩罚他。”同学们也附和起来。

“或许他确实有什么难处呢？”小山说话了。

“打扫卫生有什么难的，我看他就是不讲卫生。”小星愤愤不平地说。

“同学们，你们的想法是不对的，老师是不能体罚或者变相体罚学生的，而且这样真的能解决问题吗？小山说得对，大家应该了解情况后再下定论，这样才能帮助小浦真正改掉这个坏习惯。”班主任语重心长地对同学们解释道。

“老师，我愿意带着大家一起帮助小浦。”小山想着有小未帮忙，了解事情的真相肯定易如反掌。

“未哥哥、未大侦探、未……”小山有求于小未，所以对小未撒起娇来。

“说吧，有什么事情求我？你这个小朋友，这样讲话一定有求于我。”小未一眼看穿小山。

“嘻嘻，是这样的……”小山向小未讲述了小浦的问题。

“这个好办，你等着吧。”小未还是那么自信。

“哦，原来是这样啊，我有办法了。”小山眼睛一转，想到了一个既能帮助小浦，又能化解同学之间矛盾的办法。

第二天一下课，小浦周围围过来一群同学，他们不是来指责他的，而是帮忙做手工的。

“小浦你看我这样剪对吗?”

“小浦小浦，你看我这样折是不是比小博做得好多了?”

同学们都在帮助自己，小浦非常感动，他还注意到小星在一旁收拾同学们做手工制造的垃圾，并整理分类。

原来小山召集打扫卫生的同学们开了个小会，将昨天从小未那里了解到的情况告诉了大家：小浦的外婆生病了，每天躺在床上，他想做点手工给外婆看看解解闷。外婆之前经常带着他做手工，现在他也想这样陪着外婆。大家了解了事情的原委后，一致同意帮助小浦，所以才有刚才和谐的画面。

“小浦，你看，像这样边做手工边进行垃圾分类，一样可以保持整洁。”

小浦低下头说：“同学们，对不起，我只顾着自己的事，忽略了大家的感受，以后我一定做个讲卫生的人。”

“小浦，你外婆的事情，同学们都知道了，相信大家不会责怪你的。我非常欣慰大家用更有爱心、更有责任心的方式帮助同学解决问题，而不是诉诸简单、粗暴的方法。理解和帮助更有利于解决问题，你们说对吗？”老师摸着小浦的头说道。

常警官说

教育保护是未成年人学校保护的基本内容。学校保护中的教育保护，是遵循国家的教育方针，对青少年学生进行的一种系统的、全面的德育、智育、体育、美育、劳动技术教育。学生有下列情形之一，学校可以实施教育惩戒：（1）故意不完成教学任务要求或者不服从教育、管理的；（2）扰乱课堂秩序、学校教育教学秩序的；

（3）吸烟、饮酒，或者言行失范违反学生守则的；（4）实施有害自己或者他人身心健康的危险行为的；（5）打骂同学、老师，欺凌同学或者侵害他人合法权益的；（6）其他违反校规校纪的行为。

与同学们发生矛盾时告诉老师是正确的，但老师只能用正确的方式解决问题，同学们也不能让老师做违反法律规定的事。

法条链接

《中华人民共和国未成年人保护法》

第二十七条 学校、幼儿园的教职员工应当尊重未成年人人格尊严，不得对未成年人实施体罚、变相体罚或者其他侮辱人格尊严的行为。

第二十九条 学校应当关心、爱护未成年学生，不得因家庭、身体、心理、学习能力等情况歧视学生。对家庭困难、身心有障碍的学生，应当提供关爱；对行为异常、学习有困难的学生，应当耐心帮助。

学校应当配合政府有关部门建立留守未成年学生、困境未成年学生的信息档案，开展关爱帮扶工作。

想一想

同学们，如果我们遇上“坏”老师用严重的惩罚伤害我们的身体，那么我们应该怎样维护自己的权利呢？

4

为什么是我?

江小北和龙小山有一个小表弟，叫江宁。三个人从小一块长大，每次三个人见面总是打打闹闹，很是热闹。

这天两家人聚会，江宁却很奇怪，一改以往闹腾的样子，一个人坐在沙发上摆弄着玩偶，小北、小山逗他也没有太大反应，陌生的性格让小北、小山感到迷惑。

“宁宁，怎么不开心啊？是不是有人欺负你了？有什么事和姐姐说，姐姐帮你好不好？”小北坐到了江宁的身边，把江宁往自己怀里搂了搂。

可江宁只是默默地靠着姐姐肩膀，一言不发。

“有什么事就和哥哥姐姐说，我们在呢，不要憋在心里不说啊。是幼儿园里的小朋友和你闹矛盾了吗？”

一听到“幼儿园”三个字，江宁委屈的情绪就憋不住了，眼泪在眼眶里直打转，带着哭腔说道：“幼儿园的小朋友们都不喜欢和我玩，老师也不喜欢我，我不想去幼儿园了！”

听到宁宁的话，几个大人闻讯过来：“这是怎么回事？宁宁，你把这事跟爸爸仔细讲一下好不好？”

“老师总是对我不耐烦，不喜欢我，然后小朋友们知道老师不喜欢我就也不愿意和我玩了。爸爸，为什么大家都不喜欢我啊？”江宁的眼睛红红的、肿肿的，委屈地噘着小嘴。

“爸爸明天就去幼儿园看看怎么回事好不好？我们宁宁这么可爱，大家怎么会不喜欢呢？”江宁的爸爸一边说着一边拍着江宁的后背，安抚着他的情绪。

第二天，江宁爸爸让江宁先待在家里不要去幼儿园，自己一大早便跑到了幼儿园，找到了幼儿园园长。“听我们家宁宁说，他在幼儿园被老师和同学们孤立了，他说大家都不喜欢他，我想来问问这是个什么情况？能不能让我看下近三天的监控，我想了解一下宁宁在学校的情况。”

园长对于宁宁爸爸的请求欣然同意，陪着宁宁爸爸一起去了监控室，调出了近日的监控，然后他们看到了如下画面：

午饭时，江宁吃饭慢，别的小朋友都吃完了，可他一个人还在细嚼慢咽，老师根本不管他有没有吃完，就直接把汤桶、饭桶、菜盆收走了。等到宁宁把碗里的菜吃完而饭还没吃完想再添菜时，早就没有菜可以添了，他只能一个人扒拉着碗里干巴巴的饭。

下午发甜点时，一群小朋友围着老师，伸着小手争先恐后地向老师要甜点。明明江宁来得特别快，而且就站在老师面前，老师却像看不到他一样，直到最后才给他发了甜点。

到了活动时间，别的小朋友都成群结队一起玩，江宁却自己一个人玩滑梯，不时还有小朋友嬉笑着推开他，想抢在前面滑下去，而老师视而不见；当他想要反抗时，老师却过来制止他，觉得他在欺负别的小朋友。

……

“幼儿园学习阶段正是小朋友们价值观形成的重要时期，老师的一举一动都会影响孩子们价值观的形成。这个老师对我孩子的歧视孤立，影响了别的小朋友对宁宁的看法，不知不觉就会对宁宁产生厌恶的情绪，您也看到了，我们家宁宁的性格受到了严重影响，希望你们能好好处理这件事。”

“宁宁爸爸您放心，我们一定严查此事，给您一个满意的答复！”园长很是抱歉，她也没想到幼儿园会发生这样的事情。园长立即成立了调查组，对涉事老师进行了停职处理，并要求调查事情发生的具体原因。

事情的调查结果让江宁爸爸出乎意料——仅仅是因为江宁做事速度慢：穿衣慢，老师总得最后帮他加快速度穿衣服；吃饭慢，这让老师不得不放慢干活速度，导致老师的休息时间变短；算数学题慢，老师总得守着他很久。

涉事老师觉得江宁大大增加了自己的工作量，因此对江宁很不耐烦，但由于没办法宣泄这种不满的情绪，便选择孤立江宁。幼儿园的小朋友虽然年龄小，但对人与人之间喜爱、厌恶的情绪很敏感，出于对老师的崇拜，他们自然认为老师做的都是对的，对于老师不喜欢的人，他们也选择以同样的方式来对待。

最后，涉事老师被全园通报批评并开除。江宁爸爸选择让江宁转校，给他换一个新的环境学习。

“宁宁，爸爸告诉你，以后遇到这样的事情一定要第一时间告诉爸爸妈妈，好吗？当然，我们宁宁长大了，也要学着加快自己做事的速度，提高效率，做一个能干的大孩子好不好？”

江宁点点头，快乐地跑去找新朋友玩了……

常警官说

在日常的学习中，老师应当扮演关爱学生、引导学生树立正确价值观的角色，对于一些表现相对没那么突出的学生，不应歧视，应平等对待。

青少年在遭遇校园不平等对待时，要及时向家长反映，及时接受心理疏导，培育健康积极向上的人格与性格。当今，平等社会氛围的营造，需要我们每一个人的努力，不只是自己要有一颗平等之心待人，更要监督周围的人与事，推动大家为构建平等、公正的社会而奋斗。

法条链接

《中华人民共和国未成年人保护法》

第二十九条　学校应当关心、爱护未成年学生，不得因家庭、身体、心理、学习能力等情况歧视学生。对家庭困难、身心有障碍的学生，应当提供关爱；对行为异常、学习有困难的学生，应当耐心帮助。

学校应当配合政府有关部门建立留守未成年学生、困境未成年学生的信息档案，开展关爱帮扶工作。

想一想

1. 当你遇到不平等对待，被他人孤立时你该怎么办？

2. 当出现周围人被歧视孤立的现象时，你可以怎样帮助他们？

5

它们也会哭泣的

今天是龙小山的生日。

一大早小山就蹦跶着起床，开心得像只旋转的陀螺。

“小山生日快乐！”江小北给了弟弟一个大大的拥抱。

“谢谢姐姐！太开心了！很凑巧今年生日是在假期里。”

“儿子生日快乐！长大一岁咯！”从屋里出来的龙爸爸和江妈妈，看着抱在一起的姐弟，对视一眼捂嘴直笑。

中午大家在家里吃了面，晚上准备出去吃生日晚宴。这回宴请了两桌，都是家人和朋友们。现在生活节奏快、压力大，大家都不常聚会了，此次正好趁着给小山过生日的机会让大家聚聚。

小山这桌，坐了家人还有他的两个好友——刘一然和陈博。他们送来了一套围棋和一本英雄漫画书。小山简直爱不释手：“我是世界上最快乐的人！”

一时间，沙发上堆满了礼物。而小未的礼物最为特殊，那就是可以竭尽所能帮助小山完成三件事，或者说实现小山的三个愿望。但前提是所完成的事情一不违反法律法规，二不违背伦理道德，三不为小山小北以外第三人所知悉。

晚餐开始之前，龙爸爸站起来笑盈盈地说了几句，感谢大家的到来，又对小山的快乐成长表示欣慰，希望他每一天都开开心心、平平安安。“好了，接下来请大家享用！祝你们吃得开心！尽兴而归！”

小山肚子已经饿得咕咕叫了，“酱烧鳜鱼”“鲜椒焗肉蟹”“炝锅小银鱼”“爆浆牛肋排”等，都是他爱吃的菜。

用餐到一半，双层蛋糕被推了上来，上面用巧克力酱书写着大大的字——“小山生日快乐！”。蛋糕很精致，最上面有几颗草莓粒，小山觉得这个蛋糕一定是他最喜欢的口味。在众人的歌声中，他许下了愿望——“每年的生日都想吃到漂亮的草莓水果蛋糕”。

“哇塞！山山，你真幸福，过生日有这么多好吃的！”旁边的一然羡慕地说。

“嗯，这蛋糕还是双层的。”陈博也兴奋地拍拍他的肩膀。

“嘿嘿。”小山不好意思地挠头一乐，心想爸爸妈妈对他真的很好。

小山吃完蛋糕，夹了餐桌上的一口肉，到嘴里才感受到有茄子的味道，他赶忙吐了出来：“这不好吃，为啥放茄子呀？”

“我也觉得这道菜不好吃。”一然在旁边指了指小山刚刚没吃进去的茄子。

“不好吃就不吃这个，其他人喜欢吃，别浪费哦。”江小北瞥了一眼，认真说道，眼神里有点责备的意思，“你忘记太爷爷和我们说的了吗？”

“哦……知道了。”小山惭愧地低下头。

他认认真真吃着，骨头剔干净，鲜汤也喝精光。切来的蛋糕也完完整整地吃掉，不留下一点奶油。

大家觥筹交错，吃得很开心。到最后离场的时候，小山发现桌上还有大概一半的食物没吃完。盛宴之后的残羹，就那么静静地躺在每一个盘子里，安安静静地，只听到烧锅之下点的火还在吡吡作响，火苗舔食着锅底，仿佛要替他们吃干净。

“你忘记太爷爷和我们说的了吗？”

“哎呀！我们那会儿啥都能吃。过雪山草地，能吃树皮能啃草根。吃的紧缺，先给老百姓，我们红军长征不怕苦。我和我的老战友们都是这么过来的啊……”

小山想起姐姐刚刚的质问，还有太爷爷讲的以前的经历。他看着桌面，突然很伤感。

“姐姐，还剩这么多……”他拉着正在穿外套的小北。或许是感到羞愧，正是因为自己的生日才办的饭局，小山的声音越来越小：“我有些难过，它们也一定在哭泣吧……之后要被倒掉。”

小北看了看他，愣神之后一笑，蹲下来摸摸小山的头：“你懂就好，我们小山长大啦。所以，食物也会哭泣的，我们做好自己，不能浪费，知道吗？”姐姐温柔的话传进耳朵，小山抬起脑袋，坚定地点点头。

“那我们去和爸爸妈妈说，打包回去，避免浪费。”小山想到自己也有能做的事情，又兴奋起来。

“嗯！”小北表示赞同。

在心里，小山偷偷恳求老天爷收回上一个愿望，他不要每一年都吃到草莓水果蛋糕了。愿望换成另一个——“希望大家都可以做到不浪费食物”。

他们没有注意到，包间的电视上正在播放着“脱贫攻坚战之下的新农村新气象新发展”。

常警官说

“居安思危，戒奢以俭。”在中华民族的精神文脉中，勤俭节约既是个人修身养性的美德，更与国家、民族的命运紧密相连。经济社会快速发展、生活水平稳步提升，勤俭节约依然是我们的“传家宝”。“传家宝”要“传家”，永远不能丢，永远不过时。

米粒虽小，尤见礼义廉耻；节约事微，可助兴国安邦。尽管我国粮食生产连年丰收，对粮食安全始终还是要有危机意识。同学们，“民以食为天”，食物是我们生存的物质根基。我们不能铺张浪费，要爱护粮食，珍惜粮食，从小事做起，从身边事做起。

法条链接

《中华人民共和国未成年人保护法》

第三十二条 学校、幼儿园应当开展勤俭节约、反对浪费、珍惜粮食、文明饮食等宣传教育活动，帮助未成年人树立浪费可耻、节约为荣的意识，养成文明健康、绿色环保的生活习惯。

《中华人民共和国反食品浪费法》

第三条 国家厉行节约，反对浪费。

国家坚持多措并举、精准施策、科学管理、社会共治的原则，采取技术上可行、经济上合理的措施防止和减少食品浪费。

国家倡导文明、健康、节约资源、保护环境的消费方式，提倡简约适度、绿色低碳的生活方式。

想一想

小山是一个懂事的孩子，他认识到了勤俭节约的重要性。如果你是小山，在学校食堂遇到了浪费粮食的好朋友，应该怎么劝说他呢？

6

报告老师

“小齐哥哥，等等我。”小山在放学路上碰到了邻居齐伯伯家的小齐哥哥，小齐哥哥六年级，人非常和善，之前课业不忙的时候经常带着小山玩。

“小山啊，不好意思，最近忙着学习，没有时间陪你玩。”不能和小山一起玩，小齐也感到很遗憾。

“没关系的小齐哥哥，对了……”小山和小齐在回家的路上欢快地聊着。

“唠叨个没完，这个小朋友真是伤脑筋。”小未坐在小山的书包带上，被颠上颠下，有点不耐烦，自己先跑回家了。

“哎哟！今天有个小跟班啊。”几个跟小齐差不多大的男孩子挡住了去路。

“小山，我跟朋友聊几句，你先回家，不要磨蹭，下次再找你。”小齐发现形势不对，赶紧支开小山。

小山不明白为什么小齐哥哥态度突然这么冷漠：“小齐哥哥的朋友怎么长得有点像电视里的不良少年，小齐哥哥不会学坏了吧？”小山带着疑惑走开了，但是决定第二天问清楚。

第二天中午，小山吃过午饭就急匆匆地朝六年级教室的方向跑过去，找了半天才发现小齐哥哥坐在操场的一处树荫下。“小齐哥哥，你怎么在这里？你可能不爱听，但我还是想说，昨天你的那些朋友不像是好孩子，你以后不要和他们做朋友了。”

小齐哥哥没出声。“你生我气了？”小山边说边抓住小齐哥哥的手臂。

“疼疼疼……”小齐的思绪从疼痛中被拉了回来。

“你怎么受伤了？”小山惊讶道。

“小山，你不要管了，对不起，昨天我不是故意吼你的，是那些人……”小齐欲言又止。

“那些人怎么了，小齐哥哥你告诉我吧。”小山更加好奇了。

“好吧，他们确实是问题少年，经常在我回家的路上堵住我，跟我要零花钱，还抢我的东西，手臂上的伤就是昨天争抢的时候被他们抓伤的。”小山不依不饶，小齐无奈，只好道出实情。

“你怎么不去告诉老师和家长？”小山听罢，直言道。

“我跟他们说过我要告诉老师，可他们开始嘲笑我，说我是只会打小报告的软柿子，别人都乖乖配合他们，只有我还要靠着老师，还说以后会变本加厉地欺负我。我不是爱打小报告的人，也不是软柿子。哎！我真的不知道怎么办！或许，等我上初中，就能远离他们了。”小齐自己也很矛盾。

“小齐哥哥，跟老师讲怎么是打小报告呢？在学校，老师是保护我们的人啊！而且法律说了，当面对校园欺凌的时候，老师和学校是必须为我们提供保护的。”小山一口气说了好多，都是小未昨天在跟他唠叨最近调研成果的时候提到的，他记不太清楚了，但是知道有这么回事。

“小山，在跟哥哥聊天吗？外面太热了，记得要避暑哦。”小山的班主任王老师路过，微笑着提醒小山。

“老师，我有事情向您反映。”小山叫住了老师。小齐把头使劲往下低，觉得自己有点丢人。

“还有这种事情！小齐同学，你不要担心，这个事情一定要反映到你班主任那里。走！老师带着你们一起去找班主任。”小齐有点慌张，但是也只能跟着过去了。

小齐的班主任了解事情原委之后说：“谢谢你王老师，及时告诉我这些事情。小齐平时学习很好，也很踏实努力，最近我还觉得他有点反常，问他他也没有说，原来是受这个影响。”

班主任接着对小齐说：“小齐，遇到这种事情，要第一时间报告老师，不要有思想上的顾虑。还记得我们上学期有一次班会，专门介绍了学校的防欺凌制度吗？遇到欺凌事件，老师和学校层面会第一时间作出反应，我们有一系列的机制来减少此类事件对受伤害学生的影响。今天我会立即向学校负责校园欺凌处置的老师报告，晚上放学我送你回家，不要担心，好好上课。”

小齐非常激动地和老师告别。小山在与小齐回教室的路上，心终于放下了，也非常有成就感。

“小山，谢谢你。这次哥哥没有做个好榜样，以后我要向你学习。”

第二天，小山看到，那天欺负小齐哥哥的几个学生和家长都被叫到了学校“防治校园欺凌先议办公室”谈话，还听说那几个学生都受到了相应的处分，警察叔叔也对他们进行了教育。小齐哥哥终于和从前一样乐观开朗了。

“所以说，‘报告老师’也是一句非常厉害的魔法吧。”小山得意地想着。

常警官说

“你保护世界，我保护你。”电影《少年的你》中的这句经典台词曾经感动了无数观众。这部电影将校园欺凌以最真实、最直接的方式摆在了观众眼前，但实际上，在学校生活中，未成年人面临的潜在风险可能远不止于此。从心理层面看，校园欺凌的施暴者往往是在宣泄内心的不良情绪，以侮辱人格、攻击谩骂甚至人身威胁等方式伤害别人。

同学们，身体是属于我们自己的，谁都不能伤害它。遇到故事里的情况时，不要害怕退缩，一定要和爸爸妈妈、老师或者好朋友说，他们会站在我们这边一起对付“坏蛋”。

法条链接

《中华人民共和国未成年人保护法》

第三十九条 学校应当建立学生欺凌防控工作制度，对教职员工、学生等开展防治学生欺凌的教育和培训。

学校对学生欺凌行为应当立即制止，通知实施欺凌和被欺凌未成年学生的父母或者其他监护人参与欺凌行为的认定和处理；对相关未成年学生及时给予心理辅导、教育和引导；对相关未成年学生的父母或者其他监护人给予必要的家庭教育指导。

对实施欺凌的未成年学生，学校应当根据欺凌行为的性质和程度，依法加强管教。对严重的欺凌行为，学校不得隐瞒，应当及时向公安机关、教育行政部门报告，并配合相关部门依法处理。

想一想

同学们，你们的学校是否建立了学生欺凌防控工作制度？你们对防欺凌有什么建议呢？

7

我们要学会自我保护

中午江妈妈在报纸上看到了一则触目惊心的新闻报道。

“七岁女孩遭受侵害……”她越看越觉得难受，最后将报纸扣在桌子上，叹了口气。

“怎么了？”龙爸爸拿起报纸。

“现在有些人啊……”江妈妈摇了摇头。

龙爸爸也看到了，那一条新闻的标题字号极大，版面也占了一大块。

“小山小北，爸爸跟你们讲，无论什么时候，你们都要保护好自己，比如，自己的东西呀，自己的权利呀，其中最重要的是自己的身体。记住了吗？”龙爸爸神情严肃，一字一句缓缓地跟孩子们说，他希望，自己的孩子能在这些方面有强烈的自我保护意识。

“爸爸，我们知道了。”姐弟俩点了点头。

小山也想起了之前班主任老师给他们看的动画视频。

那一天，班主任老师开了例会。会后便安排了一次班会。

“同学们，我们开一次班会。先来看一段视频。”

“人——是怎样的存在？”

“每个人的生命又是怎样的？”

开篇是白屏黑字，旁白是浑厚有力的男声。

接下来就是一段可爱的动画，有大人、有青年、有少年、有儿童。有风中雨中坚持努力送餐的外卖员，有殿堂里弹奏动听音乐的钢琴少女，有教室里认真听课的学生，有放学路上三三两两回家的孩子们……那么多人，多到数不清，最后这些片段凑在一起演变成两个字——“生命”。

“生命是最宝贵的，生命无价，生命至上。”

“而保护生命最重要的是自我身体保护……”

视频过后，班主任说：“孩子们，自我保护不是随便说说的，首先要增强保护意识。身体是自己的，不能伤害自己的身体，比如，进行体育活动的时候保护好皮肤、关节等；要注意不能让别人伤害自己的身体，简单的握手、牵手、揽肩膀是可以的，但是有衣服遮蔽的重要的身体部位是不能被触碰的！特别是陌生人，不能允许他们和自己有亲密的接触。”

直到现在，小山想起班主任的话，依稀记得视频后面教的自我身体保护的原则和方法。

这天放学，小山走在回家的路上，远远地就听到身后有脚步声，他警惕地回过头去，看到了一个女孩子。小山放下忐忑的心，又回过头认真走路。

走着走着，身后没有脚步声了。小山估摸着女孩回家应该和他不同路吧。

不一会儿，他听到女孩的声音：“我不认识你，我不认识你啊！”小山转过头去，看到了一名陌生男子拖拽着女孩子的手臂，另一只手往她的衣服里伸……

“快住手！”陌生男子仿佛没有听见一般，小山又大声地呼喊“快住手……”

“小家伙，你怎么了，做噩梦了？”小未来到小山的身边，关切地问道。

原来是一场梦。可是小山还是沮丧，他指了指桌子上的报纸，小未扫了一眼上面的内容，也陷入了沉默。

“我好想去帮助她，可是我怎么也做不到，如果当时我在就好了。”

“小山，你是个勇敢的好孩子，可是当时如果你在，也不能直接去阻止，单凭你们两个小孩子的力量，是不足以对付那个坏人的，这时候要寻求大人的帮助。为未成年人创造安全的环境，需要社会各界的共同努力。”小未认真地开导小山。

“是啊！如果当时小妹妹没有自己走回家，如果在学校她也学到自我保护的一些知识，如果……”小山有点想哭了。

“或许我能帮助她，只是……”

还没等小未说完，小山想起过生日时小未答应帮他做三件事，赶紧捧起小未：“小未，请你帮帮她吧！”

刚捧起的那一刻，小未瞬间明白小山这是想让它帮忙做第一件事，担心小山又开始唠叨，小未“嗖”地一下消失了。

“小未这个家伙，来无影去无踪的。”小山盯着眼前的报纸又露出悲伤的情绪。

突然间，报纸上的字开始扭曲变幻，没几秒的工夫，已经完全变成了另外的内容：“彩虹小学召开预防未成年人遭受侵害的工作会议，会后学校专门制定了预防未成年人受侵害的制度，如以‘告家长书’的形式对家长发出倡议和要求、学校加强低年级学生放学的管理制度、每个年级‘思想与品德’课程中安排‘自我保护意识与技能学习’常识课等。这一系列举措对全市中小学未成年人保护工作有巨大的促进作用……”

“小未，你刚才去哪里了？你看这个报纸的内容，是我眼花了吗？小妹妹受伤害的新闻不见了。彩虹小学？这个是那个小妹妹的学校吧？难道是你帮助小妹妹的学校建立了这些制度？”

“哈哈，我能穿越到现在，当然也能穿越到过去的某个时间节点。我只是使用了一点点小技能，不足挂齿。只是这个穿越非常耗费能量，一段时间内只能穿越一次，看来我又要跟你这个爱捣蛋的小朋友多待一段时间啦！”

“小未，你太棒了！你是大英雄！”小山得知小未帮到了小妹妹，激动地跳起来。

常警官说

从根本上来讲，性骚扰的治理需要被侵犯者敢于发声、勇于反击。学生群体由于心智尚未成熟，性骚扰知识匮乏与性教育不足，虽然性骚扰行为已造成内心的不适或创伤，但是仍未意识到该行为属于非法侵犯，“不知维权”或“不敢维权”。

身体发肤受之父母，不可使其受到侵害。未成年学生群体应学习并了解性骚扰的表现形式。无论是男生还是女生，都要树立坚定的自我保护意识。当受到言语、肢体等面对面的骚扰时，要保证自身安全，及时撤离侵害发生场所。对于受到多次骚扰的情况，更不能屈服于压力，要注意保存证据，积极向班主任、任课老师举报；要及时与学校负责部门沟通，采用合理的方式予以解决。

法条链接

《中华人民共和国未成年人保护法》

第四十条 学校、幼儿园应当建立预防性侵害、性骚扰未成年人工作制度。对性侵害、性骚扰未成年人等违法犯罪行为，学校、幼儿园不得隐瞒，应当及时向公安机关、教育行政部门报告，并配合相关部门依法处理。

学校、幼儿园应当对未成年人开展适合其年龄的性教育，提高未成年人防范性侵害、性骚扰的自我保护意识和能力。对遭受性侵害、性骚扰的未成年人，学校、幼儿园应当及时采取相关的保护措施。

想一想

同学们，如果学校举行自我安全教育活动，需要写一条标语来呼吁大家加强自我保护意识，可以怎么写呢？

8

消防体验课

终于等到这一天啦！小山拿起小本子和笔，迅速整理好小背包，准备出发！龙小山同学的兴奋已经从红扑扑的面颊上透露出来了。

这一周是本市消防队开放周，学校组织学生们参观本市的消防队，学习新知识，感受消防员的风采。

走进消防队，在中队指战员的带领下，老师和学生们先参观了综合楼。

消防员的休息室内，床上物品摆放整齐，被子叠成“豆腐块”模样，孩子们发出一阵阵“哇噻”，惊叹于消防队良好的生活作风。

几个活跃的同学跟着消防员哥哥们学着叠被褥，从第一步的摊平，到最后一步的收拾边角，消防员哥哥们动作迅速又不失节奏，一套动作行云流水，没有一点犹豫。而这对于小山和他的同学们来说是百般艰难的。

参观至陈列室，消防指战员向同学们介绍了消防员出警任务的流程与步骤以及消防指战员的出警时间限制，他们必须在接到任务后极短的时间内准备完毕，进入消防车内出发救援。

小山一边听指战员讲解，一边瞄着玻璃柜陈列的新闻报道——“奋勇地救援”，这些感人的照片无一不显示着一群可爱又坚强的消防员战士们的赤诚本心。有些照片是专职记者拍摄的，无论是大汗淋漓、一身污垢的消防员战士们，还是被救援的普通百姓们，他们灾情过后露出的笑容，是那么自然，那么令人动容。

小山心中的敬仰之情更加强烈，此时他的脑袋里只剩下“长大以后我也要成为一名消防员”这个想法。所以，当指战员带他们来到装备室和车库的时候，他激动得几乎要跳起来。

灭火战斗服、抢险救援服、防蜂服、隔热服、轻型防化服、重型防化服……消防救援服类别众多。小山认出了最常见的灭火战斗服和橙黄色的抢险救援服。

“哪个小朋友想试一试抢险救援服呀？”指战员介绍完毕后这样说道。

“我！我想试试！”指战员话音还没落下，小山就激动得举起了手。这么宝贵的机会，他想试试。

指战员惊喜于小山的热情，忙招手让他从队伍里出来。他拍着小山的肩膀，微笑着说：“你是个勇敢的男子汉！”随后他对全体孩子说：“因为咱们这一整套战斗服和战斗装备很重，所以只让这位勇敢的男子汉穿戴一下战斗服的外套、消防手套还有消防头盔。”

“除了这三样，咱们灭火救援时还有呼救器、防爆照明头灯、安全绳包等。当然，必不可少的是这个消防水带。”

指战员说完半蹲下问小山：“怎么样？”

“头盔还是有点重。”穿戴完毕后，小山扶着脑袋，憨憨地笑着。“我特别开心！我以后也想成为一名消防员！”他直爽地把心中所想全部吐露了出来，羞涩一笑。

指战员又拍了拍小山的肩膀，十分有力。

之后，他们被带到了训练场，看到了消防员哥哥们的日常训练科目。听指战员说，正在训练的项目是百米消防障碍跑。只见他们翻越两米板障，手提着两盘水带，冲过独木桥，跨过终点。这一连串动作把小山看得目瞪口呆，欢呼连连。

“这个训练科目，主要训练的是咱们消防员的爆发力和身体协调性，不仅锻炼身体素质，还锻炼心理素质。”在一旁的教练员解说着。

“好酷！”孩子们震撼不已，更加深刻地认识了这一群伟大的人。

很快就到回校时间了。他们与消防员哥哥们依依不舍地道了别。小山看到消防队的整栋大楼在夕阳的余晖下熠熠生辉。

藏在小山背包里的小未偷偷钻了出来，利用它自身的内在循环能源动力，“咻”的一声弹射，飞到空中。夕阳下的大楼和人们都完整收录于它的资料库中。

小未虽为智能机器人，但是在此刻也强烈地感受到了生命的张力。它的资料库里存储着大量关于现在和未来时空的画面和文本，还时不时进行数据整合与分析对比。

它所在的未来时空，消防设备都是智能型的，融合了6G网络技术、大数据、人工智能、云计算、物联网、无人机技术、GPS、GIS、卫星机械臂技术等新一代高科技，能够实现实时、动态、互动、融合的消防信息采集、传递和处理，使消防系统具备智慧防控、智慧作战、智慧管理的能力。灭火侦察机器人、消防机器人等各种各样的机器人数不胜数。消防指战员只要在消防控制中心就可以通过6G网络实现对各种消防设备、机器人的可视化远程指挥，实现现场无人、立体、高效的救援。

未来的消防救援工作更多的是依靠科技的力量来完成；而当前消防救援中虽然也有很多高科技的设备得到广泛应用，但总体而言还受到科技发展水平的限制，更多地依靠人的力量在现场完成消防救援工作。当面对火灾等各种困难时，恰恰是人们以钢铁般的意志和不畏艰险、不怕牺牲的精神齐心协力战胜困难，这些人的力量是当前高科技设备无法企及的。小未虽然无法理解人的力量为何如此神奇，但是每每见此场景总是不由得惊叹！

常警官说

同学们，无论是消防员哥哥们、警察叔叔们，还是其他很多不同职业的人们，他们都是伟大的。他们为了人民，不顾自身利益，奋战前线，设下安全屏障。因为有他们，才有我们安定美好的生活。我们要敬他们，爱他们。好好学习，健康成长，是我们回报他们最好的方式。

同时，我们要学习英雄人物、先进人物事迹，在学习中养成好的思想品德追求。

法条链接

《中华人民共和国未成年人保护法》

第四十四条 爱国主义教育基地、图书馆、青少年宫、儿童活动中心、儿童之家应当对未成年人免费开放；博物馆、纪念馆、科技馆、展览馆、美术馆、文化馆、社区公益性互联网上网服务场所以及影剧院、体育场馆、动物园、植物园、公园等场所，应当按照有关规定对未成年人免费或者优惠开放。

国家鼓励爱国主义教育基地、博物馆、科技馆、美术馆等公共场馆开设未成年人专场，为未成年人提供有针对性的服务。

国家鼓励国家机关、企业事业单位、部队等开发自身教育资源，设立未成年人开放日，为未成年人主题教育、社会实践、职业体验等提供支持。

国家鼓励科研机构和科技类社会组织对未成年人开展科学普及活动。

想一想

同学们，你们长大了想从事什么职业，想成为什么样的人呢？说说看吧。

9

他不是“木偶人”

小北爱上吃小龙虾这事，还要从很久之前说起。

在一个网络平台上，她关注了一个叫“林减木禺遇人”的博主。她本不是这么爱吃的人，自从看了这位博主以后，就喜欢吃了。这个博主经常分享一些小龙虾的烹饪方法：爆炒、五香、蒜香、香辣……看了无不让人垂涎三尺。无论是原来喜欢吃小龙虾的人，还是“路人”，都会渐渐喜欢上这个博主，喜欢上吃小龙虾。

所以，周末在家，小北热衷吃这种不仅不方便制作，而且费手去剥壳的食物，总想让江妈妈做蒜香小龙虾吃。

这位“林减木禺遇人”在平台上很火。一是因为他的名字——“林减木禺遇人”，奇怪又充满神秘感；二是因为他的手艺，各种烹饪方式制作的小龙虾，油光细嫩，壳呈酒红色，剥开显现的虾肉鲜嫩滴汁；三是因为他可爱的儿子——他在自己账号首页介绍上这样写道：“视频中试吃者是我的儿子。关于小龙虾——我喜欢做，他喜欢吃。我们是认真的。”

这个孩子看起来不大，估摸十岁左右。只要有他露面的视频，开篇第一句就是：“爸爸今天又制作小龙虾啦！我来尝尝。”他每次都坐在一张白色的大理石纹理桌子前，桌子上摆着很多盘小龙虾。

小北每次看到都好羡慕，她也好想吃这么多小龙虾，可是她有疑问：“这个小朋友跟小山差不多，他真的能吃这么多吗？”

这个周末，小北拿到了手机，迫不及待地打开看“林减木禺遇人”。

没想到，评论里的谩骂声铺天盖地，占了一大半评论区。

“啊？这是怎么了？怎么回事啊？”小北第一反应去看热评，想要搞清楚到底发生了什么。

“他是恶魔，以孩子为噱头做吃播视频。”这一条评论底下跟了几千条新评论。

“太残忍了。”

“据说还不是自己的孩子……”

“不会吧？不会吧？”

“害怕！这种主播为什么还不禁号啊？”

小北心中愁绪万千，可她还是不太相信，她往下看到了一条热度也很高的评论："博主不是出来解释了嘛？儿子是自己的，孩子也愿意，博主也没有博取流量。"下面也跟评几千条，纷纷表示支持博主。

也有许多人持中立观望的态度，不知真假不妄自猜测。

"小山、小未你们来看，这个博主到底是怎么回事呢？我觉得视频里的小朋友吃得很开心啊！真的会是被强迫的吗？"

"反正要让我吃这么多，那我宁可选择不吃！"小山涨红了脸，仿佛现在就让他一下子吃那么多小龙虾。

"这个简单，让我来一探究竟就都明白啦！"小未胸有成竹。

小北和小山接着刷评论，有一条评论越来越多的人点赞："你们看视频中的男孩吃东西时的面容表情和其他细节，他呆呆的，眼里没有光，像个木偶人一样。这个账号一开始定位'美食'所积累的关注度和粉丝数与后期转型为以孩子吃播为视频主题后的关注度以及粉丝数相比，前后差距确实大，特别是以孩子的出现为转折点。'林减木禺遇人'无论想要达到什么目的，以未成年人为噱头博取流量，就是错误的。"

"你说得对，我看了这么长时间，只被美食吸引，居然都没有发现，可怜了这个小朋友，快把这些发到评论区里，让大家看到这个博主的真面目。"小北摸摸小山的头，看着活泼开心的弟弟，有点心疼那个小男孩。

但是，"林减木禺遇人"很快开直播出来回应了，他和孩子都出现了，首先对之前的“怀疑噱头”事件进行澄清，然后继续开吃播。

“太气人了，他怎么没有一点反省？”小北非常气愤。

“看来这个人为了利益贼心不改啊！小未，是时候让他原形毕露了。”小北把头转向小未，示意它采取行动。

直播中场休息的时候，博主将视频和麦克风关掉，小未悄悄地把博主的直播麦克风打开了。

黑色屏幕后两个音色很容易分辨：

“呕……”

“你怎么又吐出来了，真是浪费了我高超的手艺和这盘小龙虾。你不是爱吃小龙虾吗？你看我们做这个视频有多少人喜欢我们！你一会儿要坚持吃完哦。”

瞬间直播弹幕挤满了整个屏幕，都是对博主的批评。

“果然，之前那个评论分析没错。”

“社会渣滓！”

“是不是在催吐啊？快放开孩子！”

……

这件事的社会影响很广泛，公安部门已介入调查。果不其然，这位博主就是故意以孩子作为噱头。最终，“林减木禺遇人”受到了应有的法律惩罚。

小北看到了新闻报道，她非常失望："以孩子作为噱头博取眼球，牺牲孩子的健康，真不知道他是怎么想的。现在想想，'林减木'是'木'，'禺遇人'是'偶'，'林减木禺遇人'合起来不就是'木偶'两个字吗？把孩子当提线木偶人，真是罪不可赦！孩子——不应该是被人任意摆布来获利的木偶人，永远都不应该是！一件又一件没有底线的事，他到底是多想出名啊！这些视频应该及早被下架，让这些有不良企图的人无处遁形。"

"小北，你还真是个网络小卫士呢！"小未见小北如此气愤，忙安慰道。

小山也不甘示弱，连忙道："是啊，姐姐真棒！"

常警官说

吃播，顾名思义是"吃东西直播"，兴起于韩国，在韩国走红后，国内也有不少主播在直播平台直播自己吃饭的过程。不少博主打着"大胃王"的幌子吸引流量，靠直播吃饭赚钱，有的不法分子甚至不惜以未成年人的身体健康为代价，利用未成年人直播吃饭进行牟利。

利用未成年人来吸引大众目光，赚取钱财和利益都是不对的。我们国家也在进行"清网"行动，旨在规范网络直播、自媒体视频。我们要专注自身，努力奋进，掌握知识和本领，不断提升自我，而不能成为别人的"木偶人"。

法条链接

《中华人民共和国未成年人保护法》

第四十九条 新闻媒体应当加强未成年人保护方面的宣传，

对侵犯未成年人合法权益的行为进行舆论监督。新闻媒体采访报道涉及未成年人事件应当客观、审慎和适度，不得侵犯未成年人的名誉、隐私和其他合法权益。

第七十六条 网络直播服务提供者不得为未满十六周岁的未成年人提供网络直播发布者账号注册服务；为年满十六周岁的未成年人提供网络直播发布者账号注册服务时，应当对其身份信息进行认证，并征得其父母或者其他监护人同意。

想一想

同学们，十分庆幸，我们生活在一个充满美好和爱的环境下，而故事里的“吃播”男孩被人“绑架”营销。你想对他说点什么呢？

10

姐姐的举报

“爸爸、妈妈、小山，我这周订的杂志你们看到了吗？”得到否定的回答后，小北有点着急了，杂志里面有小组活动的必要素材，必须赶紧再买一本。

“姐姐，我们家附近就有一个报刊亭，里面应该有的，我同学经常去那买书。”

听罢，小北就出门了。

“您好，买一本……”小北走近亭子，里面坐着一位老爷爷，手旁一盏小桔灯亮着，照射范围虽小却明亮。他在扇着摇扇，驱赶蚊虫。看到小北过来，老人停下摇扇，眯眼笑了笑。

在外翻的窗户架子上小北小心、认真地寻找着那本杂志。在不起眼的角落，她看到了好多封面极其花哨的书，这些肯定不是她要找的。“有这么多小孩子喜欢的东西，怪不得小山的同学喜欢来呢。”她的手从书上掠过去，没翻开……

“有了，就是这本。”小北看到了她想要的杂志，对老爷爷笑了笑，最后付了钱拿走了。

越走越远的小北此时并没有意识到，她看到的那些书，即将掀起一个不小的风波。

小北记得小未跟她说过，书籍有好的类型也有坏的类型。比如，那些没有版权页信息、没有编者或作者、纸张质量特别差、印刷不清晰，宣扬暴力等不健康信息的书，就是不好的。这些书不仅不会传递正能量，还会妨碍正确的世界观、人生观和价值观的形成。自从遇到小未之后，小北买书的时候大多会去看看书的种类和它的包装，自觉抵制不良书籍和盗版书籍。

“你看的是什么书？”当小北看到弟弟书桌上摊开的书时，好奇地凑了过去，想看看是什么书让小山那么沉浸其中。

“同学那里借的。”小山随口回答道。

小北目光落到小山的书上，她瞬间感到不适，往后退了一步。配图惊悚恐怖，她立马意识到这是一本不适合未成年人阅读的书。小山注意到了姐姐，吓了一跳，眼疾手快地合上了书本：“姐姐……”

然而，小北再一次看到了这本书花里胡哨的封面，这不就是刚才在报刊亭看到的书吗？

“你怎么能看这种书呢？这是小孩子看的书吗？”小北焦急地说道。

“当然是了，你看这上面写着‘同学们，要不要来锻炼一下胆量’，再说了，大人谁会看这么多插图的书？”说话间，小山望着小未，似乎想从小未那获得认可，自从小未帮小山完成第一件事救下被侵害的小妹妹，小山就特别崇拜小未。

小未看出小山的心思，连忙跟他说：“你看的这本书可跟锻炼胆量没有关系，正规图书的配图可比这个精美多了，你不要再看了。”

“好吧，明天我把这本书还给同学吧，还有其他同学排队等着借呢。报刊亭都没得买了。”小山失望地挠了挠头。

“小山，你还没有认识到问题的严重性啊！这些图书向未成年人传播暴力内容，而且连出版信息都没有，是违法的！这些书籍会严重影响未成年人的心理健康。《未成年人保护法》明确禁止出版、发布、传播含有宣扬淫秽、色情、暴力、迷信、恐怖主义等危害未成年人身心健康内容的图书、报刊、电影、广播电视节目等。”小未见小山没有理解自己的意思，又详细解释了一番。

“啊，原来是这样啊！我说这些书怎么逻辑上有点不通，除了配图有点刺激外，真没什么好看的。”小山似乎找到了困惑已久的答案。

小北回到房间，沉思很久。想起报刊亭里那个老爷爷慈祥的笑容以及有些佝偻的身影，她有点犹豫。

虽然她只是初中二年级学生，但知道做什么事情是正确的。最终，她拨打了举报电话，举报了图书和那个报刊亭。

后来报刊亭关了，老爷爷也不在那里了，听说里面的不良书籍都被有关部门处理了。

小北心里忽然有点难过，她也不想打那个电话。这种报刊亭是时代的记忆，听爸爸妈妈经常讲起他们年轻的时候在报刊亭买报纸的趣事。那个时候，报刊亭是人们获取知识和信息的重要来源，但是这个“有毒”的报刊亭，设在小学和初中学校旁边，帮助传播对未成年人有害的信息，真是不应该。

小北站在路边，看着报刊亭，希望整顿之后，它能变成从前的样子，老爷爷还能悠哉地卖报刊。

常警官说

为促进出版行业始终坚持正确的出版方向，用心打造培根铸魂、启智增慧的精品力作，为广大读者生产更多“良心书”，出版行业形成了严格的质量控制制度，如三级审稿责任制度、责任校对制度和“三校一读”制度等。

同学们，读好书使人进步。在买书的时候，我们要甄别正版书籍和不良书籍。购买不良书籍既没有质量保证，还可能危及我们的身体和心理健康。

法条链接

《中华人民共和国未成年人保护法》

第五十条 禁止制作、复制、出版、发布、传播含有宣扬淫秽、色情、暴力、邪教、迷信、赌博、引诱自杀、恐怖主义、分裂主义、极端主义等危害未成年人身心健康内容的图书、报刊、电影、广播电视节目、舞台艺术作品、音像制品、电子出版物和网络信息等。

想一想

如果不慎购买了盗版书籍或“三无”书籍，但不太清楚举报电话，我们应该怎么做呢？

11

龙小山帮倒忙

放学了，龙小山在校门口东张西望，同学们都快走光了，妈妈还没来接他放学，看来妈妈这次又把自己忘了，小山决定自己回家。

在回家的路上，龙小山遇到了好朋友梁小鹏，小鹏看到小山自己回家，便打听起来。龙小山忍不住吐槽："妈妈这两天真是健忘，做菜忘记放盐，煮饭忘记放水。"说完，还不忘叹了口气，好像妈妈平时讲他的语气。

其实，妈妈最近确实很忙，听姐姐说妈妈公司上线了一款新的儿童产品，但是销量不好，妈妈为此忙得焦头烂额。

听了龙小山的吐槽，小鹏开始出谋划策："光吐槽有什么用？现在到了小小商业奇才发挥作用的时候了，让我们一起帮助江妈妈吧！"

龙小山知道，小鹏的梦想是成为一名大企业家，偶像大都是全球商业精英，他应该有好办法帮助妈妈。一路上，小鹏边说边在笔记本上涂涂画画，仿佛俩人在策划一场大的商业活动。

“好了，就是这样，今天晚上先准备物料，明天正式行动，代号‘山鹏行动’。”龙小山进了家门，妈妈才反应过来忘记接他了，可是龙小山并没有生气，反而精神饱满地吃过晚饭就把自己关进了房间。

第二天终于到了，“山鹏行动”正式启动。班里每个同学的书桌上都摆着妈妈公司新产品的宣传单以及产品，这就是他们的第一步，先小范围试用，树立口碑。午饭后，小山和小鹏又跑到了同学们总爱去的宣传栏那边，亮出了他们自制的彩绘校服，张贴他们制作的产品宣传图，还向周围的同学发放宣传单，不知道的还以为是学校外面的小广场呢。

“他们俩可真有意思。”

“这个多少钱？在哪里可以买到？”

同学们对校园里的这种宣传非常感兴趣，没想到外面的小店还可以搬到学校里。

“山鹏行动”如火如荼地进行着，却被教导主任叫停了。“你们在干什么？”

“主任好，我们做商业活动。哈哈，您看，我们厉害吧？这一会就吸引了这么多同学。”

“厉害？你们两个跟我去办公室。”教导主任很严肃地说道。

与此同时，江妈妈在公司接到了学校的电话，要江妈妈去学校一趟。

教导主任责怪地说：“江妈妈，我知道您的工作能力很强，也体谅您工作的辛苦。可是，校园是学习的地方，严禁散发商业广告，而且您看看，孩子们的校服被弄成什么样子了？您怎么能让孩子帮你做这种事呢？”

江妈妈一脸诧异，也正奇怪从公司带回家的宣传单和试用产品怎么跑到了学校里。看到江妈妈被误会，“山鹏行动”的负责人小鹏赶忙解释其中的原委，并绘声绘色地介绍了自己的商业计划。

教导主任和江妈妈都叹了口气，觉得又好气又好笑。江妈妈温柔地说：“主任说得对，学校是学习的地方，校园是纯粹的，决不能成为生意角逐的战场，决不能让叫卖声掩过读书声。”

教导主任点头补充道：“你们这么小就有这么多想法，这样很好，学校也会为大家提供实践的机会，但不能真的将产品宣传单带进学校。如果你们碰到有人在校园进行商业宣传，也要及时告诉老师，大家要共同守护文明、清净的校园。”

龙小山和小鹏害羞地挠挠头，认识到了自己的错误，表示回去要洗干净校服，并把宣传单全都收回。

可是，从一开始到现在，他俩发的宣传单太多了。小山有点懊恼自己之前的行为，现在要费这么大力气把它们收回清理。小山耷拉着脑袋，有点沮丧。突然他脑筋一转，想到了小未。

回到家里，小山甩下书包，小未从包里探了出来。“小未小未，帮帮忙嘛，求你了。”小山双手合十，一副可怜兮兮的表情，真诚地看着小未。

“我才不要。”小未绕过小山，不理他了。

“你是好机器人，小未。你最好啦！你能力这么强，这对于你来说可太简单了！”

“我不。”小未可不是一般的机器人，它才不想让小山产生强烈的依赖感。它希望小山能够独立做事，无论是做得好还是不好，至少自己自始至终去做，有头有尾，而不是第一时间想到别人，总依赖别人收尾。

“张贴出去的宣传单真的好多，而且贴了这么久，都不好撕下来了……求求你了。”小山抿了抿嘴，仿佛下了很大的决心似的。“这……算我的第二个愿望！好不好？”小山盯着小未，见飞在空中的小未没任何反应，他的心有点凉凉的。

“我知道我错了嘛……”小山小声地说着，还期待地偷偷瞄了一眼小未，“那好吧……我自己去收拾。”

之后几天，小山和小鹏分头行动，下课一有时间就去张贴宣传单的地方“搞清洁”，并且努力收回那些能收回的宣传单。

这天午休，小山仍然在清理宣传单，他擦了擦额头上的汗，正要撕下一张宣传单，小未从宣传栏版面后飞了出来。“小未！”小山不敢相信地瞪大了眼睛，因为这几天小未不知道去哪儿了。

“嗯……这可是你说的哦，你说这是你的愿望之一。而且，既然你那么努力地清理了，那我就勉为其难地帮你一下吧！”小山听到小未这么说，仿佛被定住了一样。他以为小未真的不会理他了，也不会帮他了。

小未凑近了宣传栏，扫描了一下，说：“啊，不仅有你妈妈公司的官方宣传单，居然还有你们自制的宣传标语和宣传画，不错嘛！不过，在这件事上动的脑筋用错地方啦。”

“还愣着干啥？捡宣传单啦！”小未轻轻弹了一下小山的脑袋，小山才反应过来，嘿嘿地笑着，发现宣传栏上一点粘贴的痕迹都没有了，宣传单无一例外地落在了地上，小山连忙去捡。

“小山，小山，你搞定了吗？我好啦！刚刚有一阵奇怪的风，它一吹过，宣传单都掉下来了！可能是我的威风把它们刮下来的吧！哈哈。”梁小鹏从远处跑来，挥了挥手里一沓单子。

“我也好啦！你也太自恋了吧！”小山笑着回应，望向刚刚小未飞走的方向。

“才不是自恋，你就是不愿意承认吧？”小鹏揽着小山的肩膀，向教学楼走去。

两人刚拐进楼梯口，小鹏突然停住，拍拍小山，说道：“我宣布！‘山鹏行动’正式解散。”

常警官说

广告作为推销商品或者服务的活动，其中可能含有不真实、不准确，甚至危害未成年人身心健康的内容。因此，《未成年人保护法》明确规定，所有广告中都不得含有危害未成年人身心健康的内容，与未成年人关系密切的场所、物品等不得有商业广告。

学校、幼儿园是未成年人主要的学习、活动场所，应当是一个不受干扰的、健康的成长空间，在其中举办的任何社会活动都应当有利于未成年人健康成长。广告活动作为商业性活动，其主要目的在于宣传商品或者服务，在学校、幼儿园开展广告活动，不仅会对学生和幼儿正常的学习生活造成干扰，而且可能因不适当的宣传方式或内容影响他们的身心健康。因此，应当禁止在中小学校、幼儿园内通过任何媒介和形式直接或者间接地开展介绍商品或者服务，宣传企业形象和品牌的广告活动。

法条链接

《中华人民共和国未成年人保护法》

第五十三条 任何组织或者个人不得刊登、播放、张贴或者散发含有危害未成年人身心健康内容的广告；不得在学校、幼儿园播放、张贴或者散发商业广告；不得利用校服、教材等发布或者变相发布商业广告。

想一想

学校开运动会时，在运动服上印制“团结进取，争创佳绩，努力拼搏，挑战自我”。这种标语广告是否合法？

12

离家出走

“为什么做得不对？我到底哪里做得不好了？你要这样！”小山听见姐姐和妈妈又吵了起来。

他摇了摇头，眼神询问龙爸爸要不要进房间劝劝架，却得到爸爸一个“摊手”的回应和眼神示意：“别进去了，劝架没什么效果，反而连累我们自己。”两个男同胞纷纷叹气，确实对母女俩吵架见怪不怪了。

房间安静了一会儿，突然听到“咔嚓”的关门声。

小山和龙爸爸赶紧从另一个卧室出来，看见江妈妈一个人落寞地站在房间门口。

“妈妈，怎么了？”小山疑惑地探了探姐姐卧室，发现姐姐不在。

“小北卧室衣服怎么乱七八糟的？行李箱咋不见了……小北离家出走了？”龙爸爸来了句“概述”。

“怎么办？小北一直很懂事，很听话的呀。她以前不会这样的，怎么办啊……”江妈妈有些后悔刚才说话有点重了，着急的声音都开始颤抖了。

“别担心，孩子不会走多远的，我们现在赶紧去找找。”龙爸爸安抚着江妈妈。

随后三个人就出发了。

小北拖着行李，不敢走多远，她没试过“离家出走”。因为以前总觉得这种行为不妥，没想到今天气成这样，她居然也“离家出走”了。真是令人啼笑皆非。

还好小区外头就有一家小旅馆，小北决定去那借宿一晚。

“姐姐，您好！订一间单人间。”小北走进店里，对前台说道。她其实不太愿意叫别人姐姐，毕竟这样就暴露了自己的年龄，但又不好意思没有称呼。

“好的，请出示身份证件。”因为小北个子高，又长得窈窕，前台并没有觉得不妥，只当她是来借宿的旅人。

啊！糟糕！慌忙跑出来怎么可能带着身份证啊！都是一念之间的决定。小北硬着头皮：“姐姐，我身份证丢了，最近还在补办，临时身份证也未拿到。你看，我能不能就借住一晚，我把身份证号报给你？”

前台一听就发觉不对劲，警惕地眯起眼睛瞧着面前这个女孩子。

小北也无声地低下头，她居然撒了谎！怎么可以这样！她是坏学生了……小北心中懊悔，却没有退步的余地，她就这样尴尬地站在原地，等着别人发话。

“本店不单独向未成年人提供住宿服务哦！小妹妹。”前台姐姐推了推眼镜，笑着说。

“姐姐，求你了。”江小北可怜兮兮地恳求道。

“这不行呢。”

多次恳请无果，小北只好离开旅馆。

因为这一块都是小区，周边也只有这一家旅馆。无奈，小北只好扩大范围继续找，回过头来发现越走越远。接连找了几个，都是一样的原因被拒绝了。小北心里开始慌了，眼泪在眼眶里打转，有点想哭。她拖着行李走了这么久，又饿又累，后悔自己赌气跑出来，但是她脾气犟，又放不下面子，踟蹰着小步往前走。

“小妹妹，住店啊。”这时一位中年阿姨招呼小北。

“是的，阿姨，可是我身份证丢了。”小北仿佛抓住了救命稻草。

“哎哟！没事，小姑娘。有钱就行。”阿姨和蔼的面容缓解了小北的慌张。

“小妹妹住几天啊？我们一次订几天是有优惠的。”小北稀里糊涂地办理了入住，只登记了姓名，什么都没有问，还交了好几百元的押金。

这个小店本来就在一幢不起眼的楼房的角落里，小北一开始觉得此处挺好，非常隐蔽，爸爸妈妈不容易很快找到自己。可等小北走进房间傻眼了，里面的房屋昏暗、潮湿，还有股难闻的气味，就这样的环境和条件，价钱居然比刚才的旅店高出许多。房屋的隔音很差，外面的脚步声、醉酒的人的吵闹声，甚至隔壁的呼噜声都听得真真切切。小北吓坏了，赶紧从房间出来。她找到阿姨，想把房间退了。

“那可不行啊！”老板像换了一副面孔，“小妹妹，要有点诚信啊！你订了三晚，一晚没住就想退？退不了，押金和房费都不能退，要么你就住，要么你就走！”

“阿姨，你欺负人！”小北心想一定是看着自己像小孩子，她才这种态度。

小北搜肠刮肚，一心想着该怎样跟店家争辩，耳边突然传来小未的声音：“咱们先出去，再想办法。”原来是小未调研过程中，收集了许多关于未成年人保护的素材，已经写入内存，提前完成了今天的任务回家。到家中没有见到小山和小北，自己甚是无聊就启动 GPS 定位功能分别找到了小山和小北，恰巧发现小北在旅店遇到困难，担心她激怒旅店老板会有人身危险，赶紧劝她先行离开。

小北听出是小未的声音，知道小未肯定有办法，连忙把眼泪憋回去，朝旅店外跑去。

小北越跑越觉得委屈，终于忍不住了，大声地哭了出来，一边抽泣一边断断续续地拼命道歉："我再也不这样了，我错了，我不敢了……呜呜……"仿佛江妈妈能听到似的。

小未没说话，静静地待在小北的卫衣帽子里，让她自己先宣泄一下情绪。

小未等小北稍稍缓和了情绪，对小北轻声说："好了好了，那我们先回家吧，行李和钱等回到家和大人们说了之后再来解决。"

"好……"小北用袖子随意擦了擦眼泪，一抬头却懵了，这是……哪里啊？刚刚心中既慌张又恐惧，只顾着跑，压根没记路。

"这不还有我嘛！"小未神气地嘟囔两声，开启了导航模式，"我们沿着这条街往北走。"

在小北找旅店的时候，爸爸妈妈和小山也都没闲着，到处寻找小北。小山心想：要是这时候小未在就好了，它肯定能很快找到姐姐，可惜它出去调研了，唉……

正着急时，他们一行人在向南的一个十字路口红绿灯处遇见了等绿灯的小北。

小山赶紧冲过去抱住小北，仿佛小山是哥哥。

"小北"，妈妈闻声赶来一把抱住了小北，"对不起，妈妈没有顾及你的感受，妈妈一路上都在反思。”

“妈妈，是我对不起您！没有跟您好好地沟通，自己太任性，居然还离家出走。”

小北又把刚才的经历说了一遍。大家都非常气愤，龙爸爸直奔旅店要和旅店老板交涉，没想到老板非常强硬。一家人没办法，只好报了警。

经调查，这家旅店存在非常多的经营问题，不但接待在没有成年人陪同下的未成年人入住，还有很多消防和安全隐患。最后，这家旅店被相关部门责令限期改正，并被给予了警告处罚。

“同学，以后要记得，与父母好好沟通，一定不要离家出走自己去住旅店，那些能接待你的必然是这种黑心旅店，这对你来说非常危险。”警察语重心长地对小北进行了教育。

“知道了，警察叔叔。”小北心虚又坚定地点点头，她突然有点感谢那些没有让她入住的旅店。

看来，拒绝你的人也不一定是坏的，而接受你的，也许另有目的呢！小北这次的经历也是给自己上了一堂生动的教育课。

常警官说

沟通和交流是最重要的，与爸爸妈妈发生矛盾和冲突时，不要憋在心里，也不能一气之下离家出走。在没有成年的时候，去旅馆住宿是需要家长陪同的，离家出走在外单独住宿是对自己、对家人的严重不负责任。要记得，爸爸妈妈永远是世界上最爱我们的人，沟通交流、相互宽容是促进家庭和睦的最重要因素。

法条链接

《中华人民共和国未成年人保护法》

第五十七条 旅馆、宾馆、酒店等住宿经营者接待未成年人入住，或者接待未成年人和成年人共同入住时，应当询问父母或者其他监护人的联系方式、入住人员的身份关系等有关情况；发现有违法犯罪嫌疑的，应当立即向公安机关报告，并及时联系未成年人的父母或者其他监护人。

第一百二十二条 场所运营单位违反本法第五十六条第二款规定、住宿经营者违反本法第五十七条规定的，由市场监督管理、应急管理、公安等部门按照职责分工责令限期改正，给予警告；拒不改正或者造成严重后果的，责令停业整顿或者吊销营业执照、吊销相关许可证，并处一万元以上十万元以下罚款。

想一想

同学们，如果你是小北，发生了故事中的遭遇。想一想，可以怎样妥善地和妈妈交流？

13

被“捣毁”的秘密据点

龙小山觉得自己很厉害。

现在在他面前有一条巨龙，对着他张牙舞爪，通体墨绿色，脊背上镶嵌着黑曜石，尖角向外，迎着天空反射着耀眼的光。

傲慢地望着面前这个留下来的人类。它弯了弯脊背，俯下身来。

龙小山感觉到粗犷的鼻息呼在脸上，头皮发麻，神经紧绷。

龙小山是这片辖区剩下的为数不多的人类之一，其他人不知道躲到哪里去了。不过，幸运的是还有刘一然和陈博这两位他的好朋友与他并肩作战。

可是这会儿，刘一然和陈博已经筋疲力尽了，单膝半跪在地上气喘吁吁。他们刚刚击败了四周来的小怪兽，现在体力不支，无奈地观望着唯一体力尚佳的伙伴，想要助力帮忙却站不起来。

小山逐渐意识到，现在的场景有多残酷，面前这只暴龙失去了耐性，喉咙里发出“呼噜呼噜”的气愤声，让人瑟瑟发抖。这么近的距离，射击根本没有效果。于是，小山举起了他的弓箭，纵身一跃，往巨龙背脊射去。结果龙尾一扫，箭在半空中断成数截。乘龙不备之时，小山又放出一箭，击中了黑曜石，听到沉闷一声，龙身一转，朝小山大吼。声波散去方圆几里之外。

小山摔出数米，往背后摸箭匣，不料箭已经没了！看着越来越逼近的巨龙，小山失去了希望，该怎么办啊！

说时迟，那时快，陈博迅速冲到龙小山面前，以长矛指着巨龙，气势汹汹瞪着它。

与其说是勇猛，不如说是为刘一然拖延时间。因为他们一直都在观察，刚刚两人发现这条巨龙背上的黑曜石虽然排列整齐，个头也差不多大，但是在光照下反射出的光色各不相同，特别是由上往下数第三颗发出红色的反光，与其他不一样。并且先前小山射中的也是这颗石头，巨龙反应极大，情绪波动更甚，想来这里就是巨龙的弱点之一了。

刘一然提起那把剑刃温度极高的烈火剑，趁着巨龙和陈博、龙小山二人对峙之时，跃上巨龙的背脊，他奋力刺向第三颗黑曜石。顿时，石头迸裂，红光散射，巨龙嗷嗷直叫。

“太好了，成功了！”三人兴奋地抱在一起。

就在准备离开的时候，身后的巨龙喷出火焰。三人眼前漆黑，一切都消失了……“你们永远出不去的，永远永远。”昏昏沉沉中，小山听到了一声又一声的“永远”。

“为什么？”小山不知道是谁在那里，摸不着头脑，向着黑暗前方一点光亮走去。

“欢迎来到‘现实’大型网络交互游戏工厂！”小山看到了一个奇怪的机器人以及站在它面前的两个伙伴。小山忙跑过去，和朋友们抱在一起。他们每个人都心生奇怪，却什么都没说。那个机器人很奇怪，全身由键盘、鼠标和电脑显示屏构成，显示屏上还闪烁着“欢迎光临”的字眼。

“恭喜三位找到了入口钥匙，通过了测试关。”机器人又讲话了。

“什么钥匙？通关？”话是这么问，但三人心里都清楚，钥匙就是刚刚的石头。

“通关秘诀是巨龙的第三颗黑曜石。”机器人一字一句僵硬地说道。“你们现在的任务是进入这座‘现实’网络工厂，接受接下来的挑战。”机器人歪嘴笑了笑，但是表情十分难看。

三人面前出现了三块电子屏，大大地写着“是否进入‘现实’”，下方有两个按钮，绿色为“是”，红色为“否”。

“请谨慎选择，否则将会受到严厉的惩罚。”

三人面面相觑。刘一然脑子一热：“还有什么好犹豫的呀！应该是绿色的。”

“应该是绿色的！”小山一听，和两个伙伴达成了一致。

几个人没有犹豫，互相点了点头：“好！那就这样决定了！”小山走上前去，准备按下绿色按钮。突然脑袋一疼，他揉揉后脑勺，好像有一股神秘的力量告诉他不能选绿色，拉着他往反方向走。

“别急！”龙小山连忙喊住伙伴们。然后压低声音说：“我们不能进去，要不然就出不来了！”

“我们要回到真正的现实，不是在这里进入‘现实’工厂。这句话里的现实指的是这个网吧工厂。”小山补充道。

陈博接着小山的话说：“而且我听到了‘我们永远出不去’，是不是只要进去了就被困住了？”

小山沉默了，他看着入口处的“现实”两个大字。他也不确定，只是凭着刚刚脑子里闪现的想法，嘴里嗫嚅半天冒出几个字：

“我想选红色。”

“我也赞成。”陈博指了指红色按钮。

刘一然愣了愣，他很清楚这两个朋友的能力。于是三人默契地点点头，同时按了红色。

一片白光照在脸上，龙小山有些难受，睁开了眼睛，映入眼帘的是他家的客厅和躺在沙发上拿着游戏机打着鼾的两位朋友。是了，这是在现实。

“你不知道刚刚有多危险！”小未围着小山转，“刚刚你们一念之间，差点就选错了！选错的话，被网络和游戏的恶魔控制，就出不来了！刚刚你一直在挥舞手臂，头上直冒冷汗，嘴里好像还在说着什么，脚还踢来踢去，我躺在你脚边的那个抱枕上都被你踹了老远！我估计你被困在噩梦中了，情急之下只好通过你的头发感应你的思维，在你的梦境中引导你作出选择。”

“谢谢你，小未！”小山听了，心有余悸，感动地想拍拍小未，怎奈小未小巧灵活，能够瞬间漂移，小山竟无法碰到小未。

见小未有意戏弄他，小山笑着只好作罢。

眼前的电视上正播着城市新闻：“××学校周边一网吧非法营业，被举报后关门……”电视镜头显示这家网吧门口也有一个机器人——由键盘、鼠标和电脑显示屏构成，只不过显示屏不再闪烁“欢迎光临”字眼。新闻镜头过了之后，主持人着重强调了商家一定要依据《未成年人保护法》依法经营,保护未成年人需要社会各方共同努力。

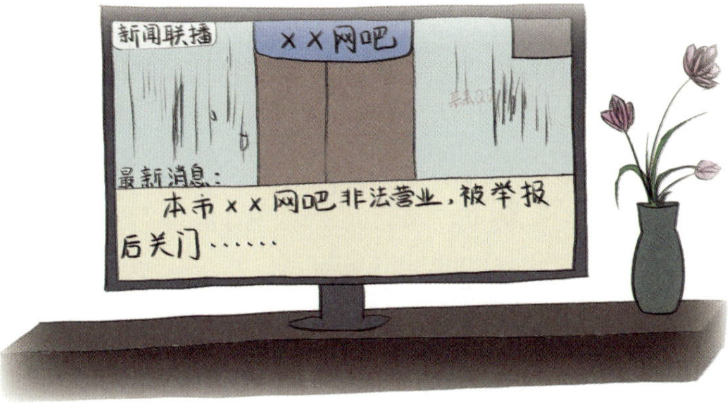

小山回想起梦中机器人给他们设置的题目,心想他不会踏入网吧,沉浸网络,他不想被围困在虚拟世界里。他要健健康康、开开心心成长,不让家人担心。

常警官说

学校、幼儿园周边不得设置娱乐场所,这不仅是全社会应有的共识,更是娱乐场所应该设置的底线、红线。同学们,如果你们发现学校旁边有网吧、互联网上网服务等营业场所，一定要及时和老师或者父母说，不要私自前往，更不要在这些场所内逗留打游戏。

法条链接

《中华人民共和国未成年人保护法》

第五十八条 学校、幼儿园周边不得设置营业性娱乐场所、酒吧、互联网上网服务营业场所等不适宜未成年人活动的场所。营业性歌舞娱乐场所、酒吧、互联网上网服务营业场所等不适宜未成年人活动场所的经营者，不得允许未成年人进入；游艺娱乐场所设置的电子游戏设备，除国家法定节假日外，不得向未成年人提供。经营者应当在显著位置设置未成年人禁入、限入标志；对难以判明是否是未成年人的，应当要求其出示身份证件。

想一想

同学们，你们有没有像小山一样想象过类似“打败巨龙”的故事呢？如果你是小山，你会选择沉浸在游戏世界，还是回到现实世界呢？为什么？

14

不该出现在这里

上次龙小山过生日，收到了很多礼物，其中包括一部手机。送礼的朋友也许没想那么多，手机嘛，方便联系家人，现在新时代了，也许小山也可以拥有一部。江妈妈也觉得有一部手机联系他更方便，也没太注意，这个手机便理所当然地被龙小山拿走了。

一天，小山中午给妈妈打电话，其实也没什么，就是晚饭想吃妈妈做的糖醋鱼了。跟她说一下可以早一点准备。那一头江妈妈也感叹，小山有手机是挺方便的，晚上有什么安排可以提前布置。

“小山，你也用手机了？”刘一然惊讶地问。

“是啊！你也有？我怎么没见过？”小山好奇一然用了“也”字。

“我藏得好呀！这可不能被老师发现，学校不让的。”一然十分得意。

“你也用来和家人打电话吗？”小山疑惑地问，因为他并没有看到他打电话。

“当然不是！肯定是玩游戏、看视频啦。”一然脱口而出，想想就觉得开心。

“啊？你是说在课堂上？”小山非常惊讶，简直不敢相信自己的耳朵。

“是啊是啊！自习课、体育课，还有午休的时候，只要你想玩，什么时候都可以。在学校，老师不能一直盯着你，在家里，经常被妈妈盯着写作业。这里多自由！”

“可是，你功课怎么办？”小山还是不敢相信自己的耳朵，好奇地问道。

“那么简单的东西，我随便看一看就会了，可不用像你们一样还要预习和复习。”一然不屑地说道。

“净说大话，今天老师提问的时候，你不是根本没答上来？”小山小声嘟囔。

一然被揭穿后有点害羞了。手机是有点耽误学习了，但是他可不能承认，不然妈妈就不让带了。

“叮咚！”是手机来消息了。小山想，我可不能像刘一然一样，经常拿着手机摆弄。可是这一声“叮咚”完全占据了小山的小脑袋：“呀！会不会妈妈找我有事？又怕打扰我，所以给我发的信息；或者是姐姐给我分享什么有趣的事？还是外婆想念我了，给我发信息了？”小山想着想着，不自觉地掏出了手机。

“反正我只是看一下，又不是像刘一然一样贪玩，没关系的，就看一眼。”小山小心翼翼地拿出手机，打开一看，原来只是一条垃圾短信。小山有点失望。

“叮咚！”手机又来消息了。小山头脑里把刚才小脑袋瓜的猜测又重复了一遍，果然，这次他又没忍住，哎！这次是新闻推送。小山觉得自己有点可笑，被手机搞得心神不宁。

“叮咚！”小山这次下决心不看了。这次却没有那么幸运了，原来班主任老师已经站在了门口。

“同学们，我刚才看到了一直低着头的同学，可是书本也没有放在地上啊！为什么低头看呢？我还听到了‘叮咚’的声音，下课铃声还没有响，怎么会有这种声音呢？难道是谁把闹钟带来了？”

班主任虽然知道是小山，但是没有当面戳穿他。

小山对号入座，知道班主任在说自己，所以越发不好意思。

“下课后请相关同学到我办公室来吧！并且要带着你们的‘小宝贝’。”

下课了，小山、刘一然以及另外两名同学都自觉来到了老师办公室。

“学校是不允许学生带手机进入课堂的哦，如果拿到学校，要把手机放到老师这里统一管理。”班主任语重心长地说。

“老师，你把我的收走吧！我不该在课堂玩游戏的，对不起。但是你不要收走小山的，他真的只是在给妈妈打电话的时候才用呢。”刘一然很讲义气，帮着小山辩解。

“不不不，老师说得对，我也要放您这里保管。我虽然没有玩游戏，但是确实经常被手机打扰，也想时不时地拿出来看看是不是有什么消息，真的难以集中精力。”小山将刚才的经历分享出来。突然他想起了小未之前对他自制力的评价。当时爸爸妈妈不在家，他做作业不太自觉，一会儿打开抽屉看看里面的东西，一会儿抽出书架上的书随意阅读，总磨蹭拖拉。小未就生气地弹了弹他的背，说：“你的自制力真的太差啦！这样不行！赶紧写作业！”

班主任点点头：“小山说得没错，教室是学习的地方，如果有其他东西介入和打扰，同学们就很难再去专心学习，成年人对手机的抵抗能力尚且不高，何况是你们呢？所以，根据我国的法律规定，手机是不可以进课堂的哦。如果你们有急事，可以来找老师，家长有急事也可以拨打学校和老师的电话，我们都会第一时间处理的，所以带手机是没有必要的。”

晚上放学，老师将手机归还给了小山、刘一然以及另外几个学生。

“妈妈，我不要带手机了，带手机进课堂会影响学习。您把手机收好，如果要联系我，可以直接找我们班主任。”

“小山懂得取舍，知道什么是真正重要的东西，真是个好孩子，妈妈为你感到骄傲。”

小山听罢，心里既羞愧又感激，其实小未早就说过：“既然自制力不强，那就需要外力来帮忙了。”

常警官说

《全国青少年网络文明公约》要求青少年要善于网上学习，不浏览不良信息；要诚实友好交流，不侮辱欺诈他人；要维护网络安全，不破坏网络秩序；要有益身心健康，不沉溺虚拟时空。

不可否认的是，手机和网络正在改变人类的生活方式，但是诸事都有两面性，适度使用手机和网络，才是正确的做法。同学们，手机里的世界很吸引人，但是我们的现实生活同样美好。携一二好友，踏春赏花，漫步游玩，都值得欢喜。

法条链接

《中华人民共和国未成年人保护法》

第七十条　学校应当合理使用网络开展教学活动。未经学校允许，未成年学生不得将手机等智能终端产品带入课堂，带入学校的应当统一管理。

学校发现未成年学生沉迷网络的，应当及时告知其父母或者其他监护人，共同对未成年学生进行教育和引导，帮助其恢复正常的学习生活。

想一想

同学们，怎样理解“既然自制力不强，那就需要外力来帮忙了”这句话呢？

15

“书呆子”和“手机呆子”

“我宣布一个好消息，暑假小姨要带着两个‘小可爱’来我们家做客啦。”妈妈一回到家，就高兴地跟小北、小山说道。小北笑着说：“反正我要去夏令营待好多天，小山，你自求多福咯！”小未也在旁边偷笑：“正好要去收集关于未成年人的信息和材料，我也要跟小北一起去夏令营。”

看着姐姐和小未得意的神情，小山更加郁闷了。

原来表弟只比小山小了不到一岁，小姨没生二胎之前经常带表弟来家里玩。两个小男孩每次都是一开始玩得好好的，没一会儿就进入了各种“比武大赛”“抢东西大赛”“比谁哭的更大声大赛”，这些“刻骨铭心”的记忆，险些给小山留下心理阴影，不知道妈妈得知他们来怎么还会这么开心。后来，小姨生了小妹妹，好久没来了，这才让小山度过了几个安静的暑假。

“一物降一物，小山也有怕的人啊？那你好好招待小客人们吧！我要出去躲一躲了，我可不想再被其他小孩子发现了。上次被一个小孩子抓到，他以为我是什么好吃的，差点儿把我直接放进嘴巴里……”小未又开始讲那段惊悚的经历。

“你们……你们，太不够意思了……”小山气呼呼地走开了。

暑假终于到了，小姨带着两个“小可爱”如约而至。小表妹才两三岁，正在学习遣词造句，不不不，是造词造句，这让小山本以为会成为灾难的暑假多了许多乐子。

事实上，也没有想得那么可怕。爸爸出差之前，给小山布置了一个任务，要看完十本书，什么方面的都可以。小山觉得这是一个甜蜜的负担，因为可以看他最喜欢的漫画和小说了。而表弟呢，从来的那天就开始捧着手机，睡醒看，睡觉前看，饭前看，饭后看……

有一天，妈妈和小姨准备了丰盛的晚餐，叫小山和表弟吃饭时，俩人看得太入神了，谁都没应声，妈妈说：“小山啊，看书学习是好事，可不能这么废寝忘食吧？饭还是要吃的呀！”

“你看看你！倒是向小山哥哥好好学习一下啊！人家在家里都是看书学习，你一到家就知道玩手机，视力下降就不说了，你在手机里倒是学到了什么呢？”小姨也教训起了表弟。

“哼！爸爸说了，这叫与时俱进，跟着手机能掌握最新资讯，就像自己长了千里眼、顺风耳，他呀，顶多是个书呆子。”表弟非但没羞愧还理直气壮。

“你说谁？你你你……”小山气得握紧了小拳头，小山最讨厌这个称呼，他为了避免戴眼镜被说书呆子，一直认真护眼，结果还是被这小子嘲笑。

眼看大战一触即发，表妹在旁边“噗嗤”笑了出来：“哈哈哈……表哥是书呆子，那哥哥是手机呆子，爸爸也是手机呆子。”

大家都愣了一下，表弟突然脸红，他也认识到妹妹这个词造得太好了。沉迷于手机网络中，不去思考、不去理解，这可不就是二十一世纪特有的“手机呆子”吗？

小姨无奈地摇摇头："小孩子都是有样学样，我说过他爸爸好多次，在家里不要一直盯着手机，要多花时间陪伴孩子，结果人家找各种理由和借口。我也疏于管理，对哥哥使用网络没有认真监督。"

妈妈安慰小姨："我们小北也有过这样的阶段，所以我们家达成了'家庭规范用网承诺书'，约定只在特定的时间使用网络，而且在吃饭的时间绝不使用手机。无论是看课外书还是上网，我们都应该让他们合理分配时间。小朋友们要多出去运动，多亲近自然啊！"

小山和表弟都有点羞愧，觉得自己是名副其实的"呆子"。

"表弟，我们去踢球吧！小区有块草坪，这些天都没有带你去过。"

"好啊！表哥，我可不要变成'呆子'，我要变成运动达人。"

"大人？哥哥要变大人啦！"小表妹再一次"语出惊人"，萌言萌语又把大家逗笑了。

常警官说

我们经常说，父母是孩子的第一任老师，父母的行为能够对孩子产生深远的影响。"家风纯正，雨润万物；家风一破，污秽尽来。"好家风，作为一种润物细无声的品德力量，在潜移默化中净化着每个家庭成员的心灵。在现代社会，手机成为不可或缺的工具，如果父母无法正确对待这一工具，将给孩子造成不良影响。

法条链接

《中华人民共和国未成年人保护法》

第七十一条 未成年人的父母或者其他监护人应当提高网络素养，规范自身使用网络的行为，加强对未成年人使用网络行为的引导和监督。

未成年人的父母或者其他监护人应当通过在智能终端产品上安装未成年人网络保护软件、选择适合未成年人的服务模式和管理功能等方式，避免未成年人接触危害或者可能影响其身心健康的网络信息，合理安排未成年人使用网络的时间，有效预防未成年人沉迷网络。

想一想

同学们，想一想，如果你的父母经常玩手机，你会如何劝说他们呢？

16

变身“名侦探”

龙小山是一个特别喜欢运动的孩子，好动活泼，其中足球是他的最爱。周末他会约同学们一起去玩，玩耍的时候顺带着踢足球，也是好不尽兴。

于是，江妈妈就帮小山报了少年足球俱乐部的兴趣班，每个周末都可以去那里踢足球。初到俱乐部，那里的老师就已经安排好了场地和班级，只需要核对一下最初填写的孩子信息和家长的电话号码。

每次周末的运动时光，都是龙小山最沉浸的时候，因为做自己喜欢的事情是非常享受的。

可是，这样的快乐并没有持续多久。在一次练习新踢法时，小山崴到了脚踝，去了医院，休养了一段时间。虽然现在走路没有问题了，但暂时还不可以跑步。

江妈妈只好将余下的足球兴趣班课程退掉。小山心里很难受，但是没有办法，毕竟自己受伤了。

这天，小山缓缓走进学校，江妈妈还没有开车离开。望着儿子有些落寞的身影，她深深地叹了口气。

突然，手机铃声响起，江妈妈收到了一条短信。她拿起手机一看，上面一大段文字："龙小山的家长，您好！××足球俱乐部暑期精享活动一触即发。喜欢足球的孩子在这里一定会如鱼得水，培养兴趣，提升技能，收获友谊。现在报名课程，可以……"江妈妈扫了一眼就把短信删除了："又是骚扰信息。"她心里想。

过了几天，江妈妈几乎忘了骚扰短信这件事。不料准备吃饭的时候，短信又来了。

"妈妈，手机在响。"龙小山凑近手机，看到了这几个字："龙小山的家长，××绘画班暑期特惠……"

这个人认识我们诶！小山激动地放下了筷子，想看看是谁发的信息。点开信息却发现是个不认识的长号。

小山满满的疑惑："妈妈，你有没有给我报其他的兴趣班呀？"

"没有呀。"江妈妈从厨房探出头来。

龙爸爸也从里面走出来，看了看信息。他眉头一皱：“肯定是孩子在哪里登记的信息泄露了。”

“我们只报过足球兴趣班。哦！对了，之前逛商场的时候我看见街舞班、绘画班、武术班觉得挺有意思的就了解了一下，而且只要填一下信息，就送给我一些小本子。可是我收到的信息不只是这几个兴趣班发来的，还有好多我完全没有接触过的啊！”江妈妈似乎想起自己填过信息，但是很快又产生了新的疑惑。

“那可能是我们的信息被泄露甚至卖掉了，以后可千万不能随意泄露自己的信息啊！”爸爸略带遗憾地说。

“那这样，我挨个给他们打过去，让他们不要再找我们了。如果我们有需要，我们会自己找。”江妈妈不愿再被广告信息骚扰，索性提出自己挨家联系培训班。

可是妈妈想得似乎有点简单了。妈妈打过去电话，对方都不承认是自己泄露或者买卖了信息。一通电话下来，妈妈说得口干舌燥，却没有任何进展。

“小未，你有办法吗？”小山想着因为自己的事情，让爸爸妈妈受到这种烦扰，心里有点过意不去。

“这个确实比较难办，我不能准确定位是谁泄露的信息，这要是找起来，会很耗费时间和 CPU 内存的……”小未突然发不出声音了。糟糕！小未说话费电，必然是近来说了很多话，小山又没在小未电量剩余不多时及时补充电量。刚想完，它的信息中控区一关，彻底没电了。

小山一看小未在关键时刻“掉链子”，自己又不懂得怎么给小未充电，于是随手将小未放在书桌上，无奈地说：“万事不求人，只能靠自己咯！”

对呀！刚刚小未提到的准确定位！既然那些人了解的我的信息都是真实的信息，那如果我们给之前妈妈填过信息的兴趣班都作一个特殊的标记，那么……“嘿嘿！我有办法了，这次该换老爸上场了。”小山灵机一动，想到了一个好办法。

“爸爸，你听我的安排，我有办法把泄露信息的人找出来。”

小山让爸爸假装要给孩子报兴趣班，并提供了个性化的名字，比如，卫小未等。在接下来的一周里，爸爸接到了好多电话，大家整理了一下，来电或者短信都是说："卫小未的家长……"这下可以定位到泄露信息的来源了，即之前小山去过的足球俱乐部。

爸爸带着小山来到俱乐部前台，要求删除信息。吵闹声引起众人围观，俱乐部的人却在狡辩，小山不紧不慢地将事情的经过叙述了一番。

"找一下俱乐部负责人。"龙爸爸神色严肃。

前台显然有点紧张："这位先生，您看，我们的经理同样是老师，这时候应该在上课。所以……"

"怎么了？"里面有人闻声赶出来。

在了解了具体情况之后，他充满歉意，鞠了一躬："这位家长对不起！咱们的信息登记仅用于内部核对孩子信息，为了保证孩子的信息安全，我们会在孩子退出课程的时候及时删除。您说的情况我也感到非常震惊和生气，我们一定在内部严肃核查，找到泄露信息的人，并且建立信息管理制度，保障所有家长和小朋友的信息安全。请您跟我到信息管理处，我们将在您的监督下，删除您与小朋友的个人信息。”

自此以后，小山一家再也没有收到这种推销信息了。

“太好啦，问题解决了！”小山回到房间，扑倒在床上。

“真好！”

突然一声把小山吓得够呛。他一回头，看到了精神抖擞的小未。

“天呢！你充满电啦！怎么充电的呀？”小山惊呼道。

“这你就不懂了吧！我利用太阳能充电。太阳能是一种清洁能源，也是一种可再生能源，我们那个世界的机器人基本都依靠太阳能充电。作为未来型智能机器人，我可是有自动保护机制的哦，在电量不足的状态下我虽然失去了弹跳、飞行、语音和信息处理等其他高级功能，但是能够自动感应太阳光源，并保持最基本的位置移动功能，通过小碎步把自己移动到最近的太阳光源处充电。你出去了没发现，我自己去找阳光了。”要是小未有机械手臂，现在一定是骄傲地叉着腰呢。

“哇，好神奇！你真是给点阳光就灿烂呀！”小山由衷地感叹。

常警官说

保护儿童是全社会的共识。互联网技术高速发展的今天，这一共识自然向网络延伸。近年来，随着移动互联网技术和应用的快速普及，个人信息保护问题成为网络治理的重要议题。大量个人信息滥用、数据泄露事件的发生，严重侵犯了用户权益。儿童群体作为网络活动的弱势方，更是深受其害。

为此，保护个人信息需要从我们自身做起，一些兴趣班或者活动需要登记信息的，一定要清楚他们收集信息的原因和目的。要增强信息安全意识，注意保护自己的隐私。

法条链接

《中华人民共和国未成年人保护法》

第七十二条　信息处理者通过网络处理未成年人个人信息的，应当遵循合法、正当和必要的原则。处理不满十四周岁未成年人个人信息的，应当征得未成年人的父母或者其他监护人同意，但法律、行政法规另有规定的除外。

未成年人、父母或者其他监护人要求信息处理者更正、删除未成年人个人信息的，信息处理者应当及时采取措施予以更正、删除，但法律、行政法规另有规定的除外。

想一想

同学们，在生活中，有哪些地方有收集信息的行为？他们为什么这么做呢？我们该怎样保护自己的隐私？

17

假装大人

小山现在没有成年，很多游戏限制在特定的时间段才能玩，他特别苦恼。

又逢假期，他拿到了手机，下载了之前心心念念的游戏，这款游戏是他最喜欢的探索类型。游戏下载成功后，一开始就需要实名注册登录。龙小山犹豫着，最后还是输入了自己的身份信息。

主界面的加载图标一直转着圈圈，小山也耐心地等待着，一分钟、两分钟……页面一闪，屏幕上出现了“欢迎新用户”的字样。

“小山、小北、孩子他妈，我回来了。”龙爸爸出差刚回来，一脸疲惫，顺手把工作包和身份证放在了桌上。

“妈妈，爸爸回家了！”两个孩子喊道。

江妈妈赶紧出来迎接，说：“累了吧，赶紧歇歇。”

小山一边听着爸妈的对话，一边等待着……

哇！登进去了！小山开心地从沙发上跳起来，连鞋子也没有来得及穿上，就跑到了自己的房间里。

小山兴奋地关上房门，低头看着手机，结果页面上显示一张卡片框框，上面黑色加粗大字清楚地写着："关于青少年模式——为了呵护未成年人健康成长，本 App 特别推出了青少年模式，该模式下部分功能将无法正常使用，请监护人主动选择是否开启。"下方有两行字："了解青少年模式"以及下一行的"我知道了"字样。

小山没有犹豫直接点"我知道了"。继而屏幕上又跳出来框框，上面标着"系统检测到此用户为未成年用户，已经自动关闭二十二时至次日八时的游戏通道"。小山认的字多，知道这是什么意思，气恼又无奈地点击了"我知道了"的按钮。

这不，游戏终于开始啦！小山选择的角色是一位侠士。故事背景很宏大，万林世界，以仁、侠、智三足鼎立，各不相犯。讲述的是仁者之心，侠客之义，智圣之举。小山很喜欢这个游戏的背景和人物，没有人格高低贵贱之分，有的只是仁义侠义才德。

龙小山玩得不亦乐乎，不知不觉已经到了晚上十点。果不其然，屏幕上弹出了提示框："您今天的游戏时间已经结束，游戏通道即将关闭。"

怎么这样？小山特别难过，为什么不能玩嘛？在这一瞬间，他好想快快长大，这样就没有年龄的限制了，他就可以玩好多好多游戏。他失落地走出卧室，来到餐桌前拿牛奶喝，突然发现桌子上有爸爸的身份证！他灵机一动，想到一个好办法。

环顾四周，爸爸在书房办公，妈妈和姐姐去了卧室，他偷偷地把爸爸的身份证藏进口袋里，带回了自己房间。

假装大人，用爸爸的身份证登录游戏不就行了！龙小山为自己的小聪明暗自高兴。

他仔细地输入了龙爸爸的名字和身份证号，验证成功，登录游戏。

“耶！”龙小山高兴极了，把手机放在床上，又偷偷把爸爸的身份证放回了原位。

这下没了时间限制，他不停地做任务升级，等级直线上升。最高是“九重乾坤”，他现在已经是“六重星使”了。

假期很快接近尾声了。龙小山和江小北的表哥马上要回校了，这天正好来拜访。

谈到生活和学业，这位表哥总有自己的一番见解。“人要心怀仁义之道，侠客风骨。”这话听起来怎么那么熟悉，小山心里念叨。灵光一现，意识到这是游戏里的台词！

他刚想问，表哥却开口说道：“舅舅，你是不是也玩这个游戏呀？”表哥指了指手机上的 App。

“都多大年纪了！我不玩的。”龙爸爸摆了摆手。

“啊？我可是在游戏里看到您的名字，我还想跟您切磋一下呢。这个游戏要实名制，而且得输入身份证号码认证，谁用了您的身份认证啊？”表哥摸不着头脑。

龙爸爸听罢，就猜到了小山。家里就两个孩子，也就小山爱玩游戏。这会儿小山心虚得很，刚刚玩着的手机早已藏到了身后。

小未又一眼看穿了小山的心思，在他耳边嘲笑道：“叫你假装大人，被逮住了吧？”这一幕其实早在小未的预料之中。对于拥有未来科技的小未来说，想要限制抑或帮助小山神不知鬼不觉地“偷玩”，其实很简单：可以对小山的手机网络进行功能限制，在游戏模式下使网络无信号；可以通过 IP 地址进行身份甄别，从而在游戏中屏蔽亲戚朋友，保证小山不会在游戏中遇到他认识的人；可以直接让小山的账号在全网隐身等。但是他想让小山自己去经历这些，并能够认识到自己的错误。只有这样才能治本，让小山不再沉迷游戏，单纯凭借外力限制只能治标，甚至小山还会通过其他方法实现自己能够任意玩游戏的目的。

小山恼羞成怒，但又对小未无可奈何，那样子真是逗极了。

龙爸爸没有立刻指出来。到了晚上，龙爸爸走进小山的房间说："儿子，你是不是用了爸爸的身份证认证游戏账号了？"

小山低着头，不说话。

"孩子，跟爸爸说实话，爸爸能理解你。但是，游戏的限制有存在的道理，不同的年龄段适合不同的游戏。"龙爸爸虽然已经知道是小山，但还是希望他自己把这件事说出来，承认自己的错误。

"可我就想玩。"小山别扭地说道。

"爸爸跟你讲道理，没有强制你呀。但是爸爸的建议是现在最好不要玩，懂得克制是成熟的表现，等以后长大了再畅游，好吗？你自己也想一想。”

小山沉默了，虽然他陶醉于探索游戏的快乐，但这个游戏里，他确实有很多不懂的地方。就像爸爸说的，等长大了，肚子里有很多很多知识，就可以畅游那个世界了，就不用假装大人了！想到这里，小山爽快地答应爸爸：“嗯，听爸爸的。等我成为真正的大人之后再玩！”

常警官说

进入互联网时代，网络游戏兴起，由于其互动性、沉浸性、仿真性强，操作便捷，更是对孩子们产生极强的吸引力。适度接触游戏，可以满足一些青少年对归属感、好奇心和自我实现等方面的心理需求；一些运动类、益智类游戏等，也对青少年健康成长具有积极作用。

但我们也要意识到未成年人还处在身心发育阶段，自控能力相对较弱，容易过度沉迷网络游戏，甚至产生不能自拔的心理依赖。这不仅会扰乱正常的学习生活，也会对身心健康造成不良影响。放下手机，我们将有更多的时间走进山川、亲近自然，也将有更多的时间参与体育锻炼、社会实践。

法条链接

《中华人民共和国未成年人保护法》

第七十五条 网络游戏经依法审批后方可运营。

国家建立统一的未成年人网络游戏电子身份认证系统。网络游戏服务提供者应当要求未成年人以真实身份信息注册并登录网络游戏。

网络游戏服务提供者应当按照国家有关规定和标准，对游戏产品进行分类，作出适龄提示，并采取技术措施，不得让未成年人接触不适宜的游戏或者游戏功能。

网络游戏服务提供者不得在每日二十二时至次日八时向未成年人提供网络游戏服务。

想一想

同学们，为什么龙爸爸没有在其他人面前直接责怪小山，而是之后与他耐心沟通呢？

18

他应该和我们一样

龙小山认识李乐，他们同住一个小区，李乐就住在隔壁的一幢楼里。

李乐家很不容易，他们是小山家搬来这个小区一年后来的，然后就定居在这里了。

回想以前，李乐这家新邻居刚来的时候，小山一家过来拜访他们。

李乐扭扭捏捏地不肯从房间里出来，李乐爸爸和李乐妈妈也是遮遮掩掩有点不自在，但最后还是邀请小山一家进门喝茶聊天。

龙爸爸和江妈妈对视一眼，面带歉意地说道："不好意思，是我们唐突了。想着新邻居刚搬进来，就拜访一下。"

李爸爸没接话，笑着给他倒了一杯茶。

大家坐在桌前，谈笑间渐渐放松下来。

"你们家小山、小北真懂事。"李乐妈妈羡慕地说。

“孩子都一样的，你们家……”江妈妈未说完，房间门开了。

小山记忆很深刻，先探出房门的是轮椅的脚踏板和一双僵硬的腿。李乐妈妈赶忙过去，喊了声“乐乐”，问他需要什么。

后面的记不清了，只是小山和李乐对视的时候，他们看到了对方眼中的惊愕。

“你好，新邻居，我叫李乐。对不起，腿不能走路。”李乐艰难地推着轮椅来到小山面前。

“我叫龙小山。”小山笑了笑。

“你们家乐乐……腿受伤了？”江妈妈有点难受，小心翼翼地以镇定的语气问着，怕一不小心触碰这个家庭的伤心事。

“孩子从小就坐在轮椅上了。找过很多知名专家，但结论都是目前暂时还没有药物可以治疗，有效药物还在研发阶段。”李乐妈妈无奈地说道。

李爸爸忙补充道：“孩子和他妈都不容易。孩子他妈妈是幼儿园老师，孩子上幼儿园还算平平稳稳，问题不大。”

后来，小山和乐乐一起升学进了市实验小学，两人被分在了相邻的两个班级。因为腿脚不便，乐乐被安排坐在最后一排，李乐妈妈陪在旁边。一开始班上同学先是惊讶和好奇，也不敢与他多说话。但是后来就好多了，大家发现李乐很开朗、很聪明，都愿意和他亲近。小山也经常到他家拜访，一起玩耍。

这一晃就到了小学二年级，日子还是和以前一样过。但是，突然这阵子，小山经过隔壁班教室的时候找不到李乐了，回家后闷闷不乐的。

龙爸爸和江妈妈都在家，说李乐妈妈最近怀小宝宝了，招呼着小山一起去李乐家。小山正得意，他刚想跑去李乐家问问。

进了门，大人们开始畅谈，小山则直奔李乐房间，发现他在看课本。

李乐聪明，他抬起头，知道小山要问什么，慢慢说道："我不去上学了，家里不方便。"

"啊？那你就这样一直待在家吗？你以后怎么办呀？"小山满腹疑惑，特别着急。

同样地，客厅里的两位大人也是十分担忧，为李乐这孩子难过。

“我现在不能陪他一起去学校了……他爸爸说打算辞掉现在的工作，找个在家办公的工作，方便照顾我们。乐乐坚决不肯，说可以自己学。乐乐觉得自己拖累了我们，明明是我们对不起他啊。”李乐妈妈抹着眼泪，无力地说道。

大家都不说话了，客厅一片沉寂。

“跟学校说过家里的具体情况了吗？”江妈妈最先打破这片沉寂。然后就看见李乐妈妈摇了摇头。

“明天我们去学校看看，跟学校协商一下有没有远程上课的办法。”江妈妈想到她们公司的网络销售，立马联想到了网课。

“对啊！我们怎么就没想到呢？”李乐爸爸妈妈眼里透着光。

回到家里，小山闷闷不乐的，他趴在书桌前，心烦意乱地翻了翻书。

小未见此情景想要逗一逗小山，说道：“你怎么啦？有什么不开心的事情说出来让我开心一下呀！”小未虽然能够通过人机接触感应人的想法，但是它在非必要情况下是不会主动使用这个功能的。

小山正烦躁呢！碰到小未过来打趣，瞬间想起小未曾在他生日时答应的三个愿望，到目前为止只实现了两个。于是，小山缠着小未，让它帮助自己实现第三个愿望，小山用撒娇的口气跟小未说道：“我的好小未……”

小未见情势不妙，立马掉头想跑。没想到小山早有预见，立马伸手抓住小未，那动作极像在抓一只从眼前飞过的蚊子。小未只好乖乖听小山讲完第三个愿望——他觉得李乐太可怜了，希望李乐也能够像他一样正常上学。

这可难住了小未，它虽然是未来型智能机器人，但载重有限，带个文件还可以，但是背个人还是很费劲的。而且总不能天天驮着李乐到学校上学，自己不是医生，也不能治好李乐的病。所以，小未的第一反应是拒绝，但是看到小山真诚的眼神，小小年纪就懂得共情，懂得助人为乐，这种行为值得支持和鼓励，况且这个愿望也不违背当初的约定，于是小未决定尽力想办法帮助小山实现这个愿望。

第二天，两家的父母一起去学校找了教务处的老师，老师听罢家长来访的原因，热情地招呼家长落座。大致了解情况后，老师与教务处主任沟通了一下，大家一起来到校长办公室。

“这件事情学校一定会重视，孩子的教育是最重要的，我们学校的每一位教职工都有义务保障孩子的受教育权。”校长与李乐爸妈商讨着方便李乐上学的方案。

“咱们学校的教室都有监控录像，这段时间可以开放平台权限给李乐同学，让他可以在家也能观看课堂的全部教授内容。直播网络可能不太稳定，但是咱们也有录播，直播没有听清楚的地方可以看回放。”

李乐父母感激之情无以言表，不停地向校长和老师道谢。

李乐知道此事之后激动不已。他在心里发誓，一定要好好学习，以回报师长对他的帮助。

与此同时，小未从办公室飞出来，“嗖”地一下不见了，空中只留下一束淡淡的火光和一缕白烟，不过这些很快就消散了，无人注意。小未回到了未来世界，此时治疗李乐腿疾的特效药早已成熟并推广使用，价格已经从刚上市时的天价降到了人人都用得起的普惠价。

小未从未来世界带回了这个特效药的配方和制备方法，暗中帮助该特效药的研发团队攻克难关，使研发时间整整缩短了十年。由于李乐是“老”病号，医生第一时间联系他，经过层层筛选李乐得以参加该特效药的Ⅱ期临床试验。

虽然该特效药还在Ⅱ期临床试验，但是李乐仅仅使用了三个月就已经初见成效，逐渐有了知觉。在此期间，小山一有空闲时间就去他家，帮助他进行康复训练。不到半年时间，李乐已经能够在拐杖的帮助下站起来走几步了。

在一个多学期的网络直播课中，李乐从未遇到网络卡顿的情况。李乐不知道的是，小未一直在默默地帮他保障直播网络的通畅，这是小未在履行对小山的承诺，帮助小山实现他的第三个愿望。小未在各种方案的模型推演中，计算出既能从根本解决问题又能较快实现的方案就是帮助李乐尽快治好腿疾，这样他就能像小山一样到学校上学了。而在治好李乐的腿疾之前，小未还需要做的就是保障李乐的直播网络通畅。

不到一年时间，李乐已经能够自己拄着拐杖到学校上学了，再也不用通过直播上课。他心中的冰封之地好像已经裂开了一条缝隙，有阳光透入，暖暖的希望充斥着胸膛。看着窗外春暖花开，他笑了。

常警官说

青少年是祖国的未来、民族的希望。抓好控辍保学、实现义务教育有保障，是拔掉穷根、阻断贫困代际传递的重要途径。为提高摸排效率和精准度，教育部建立了控辍保学工作台账在线管理平台，精确记录每个辍学学生的详细信息，并进行实时更新和销号管理。近年来，我国义务教育普及和巩固水平持续提高。

接受教育既是我们的权利，也是我们的义务。我们每个人都应倍加珍惜来之不易的受教育机会。

法条链接

《中华人民共和国未成年人保护法》

第八十三条　各级人民政府应当保障未成年人受教育的权利，并采取措施保障留守未成年人、困境未成年人、残疾未成年人接受义务教育。

对尚未完成义务教育的辍学未成年学生，教育行政部门应当责令父母或者其他监护人将其送入学校接受义务教育。

想一想

同学们，对于文中李乐选择在家里自学，你们怎么看？为什么？

19

谢谢您为我们“撑伞”

“事故区域已被全面封锁，省、市两级政府分管领导及市公安、交通、安监、卫生、消防等有关部门负责人和医疗救护人员已经紧急赶往事故现场，组织、指挥抢救伤员和指导事故调查等工作。”新闻的内容并不长，但是大家都能感受到这次交通事故不同寻常，谁都不知道车上的人员是否还有生还的可能。

“小刘，调查组确认坠崖者信息了吗？”市公安局交警支队的支队长，也是本次调查组的小组长焦急地问道。

旁边一个持笔翻资料的年轻人回答道：“赵队，确认了。其中有一对夫妻，家中有一对双胞胎孩子，目前都在市实验小学上一年级。”他顿了顿，然后又说：“他们刚搬来我市没多久，社会关系简单。这一对夫妻本身就是孤儿院长大的，无父无母，无亲戚联系。”

赵队沉思了一会儿说：“这两个孩子得妥善照顾好。”

“陈希，你去联系民政部门的同志，一会儿去两个孩子的学校看看，孩子放学了暂时……先接他们回警局吧。”赵队沉着嗓子说。

小刘和陈希两人换上便服，同民政部门的同志来到学校，见了老师，说明了来意。

“姜有、姜为这两个孩子懂事听话，学习很棒，作业按时完成，也不用我们操心。”班主任老师心中也是五味杂陈，为这两个孩子揪心。“那行，你们警察办事人民放心，马上也要到放学时间了，你们等放学后把他俩接走吧。”

小山离开教学楼，匆匆往回赶。到了一年级楼梯口，撞见了姜有、姜为——他们是在等小山。

“小山哥，本子还你。”

“哦哦！你俩看完了？那么快！那我们回家吧！”小山接过本子，揽住了俩人往前走。

三人一起走向校门口，几个孩子看到了门口站着谈话的班主任和另外三人。姜有、姜为认出了老师，礼貌地喊了声“老师好”。

“嗯！姜有、姜为，你们好！这三位是……”老师停住，她不知道该怎么跟孩子说。

“姜有、姜为，我和这位叔叔是警察，还有民政局的张老师。现在有些事情想和你们说，你俩和我们回去一趟，好吗？”陈希对着两个长得几乎一模一样的孩子，拿出了警察证。虽然说姐弟俩长得相像，但也好区分，一个是女孩子，一个是男孩子，女孩子是姐姐，男孩子是弟弟。

“警察？”三人惊讶中又带点疑惑，突然被警察找上门儿都会有点儿慌张。小山抓着他俩不想撒手，但又不得不放。

小山看着两个朋友越走越远，突然有种他们会离开永远不再相见的感觉，眼睛有点涩涩的。“老师……”他想问什么，可又不知道从何问起。

站在一旁的班主任微微扬了扬嘴角，摇了摇头，蹲下来跟小山说：“回家吧。”

“好。”龙小山抱紧了手里的本子，离开了学校。

警局里，姜有、姜为端端正正地坐着，小刘给他们倒了水。

民政局的同志和陈希在商议如何安排这两个无依无靠的孩子。民政部门提出，根据目前的情况，可以由民政部门为他们提供临时监护。陈希提议自己可以照看孩子几天，刚好她下周休假，如果临时把他们送到其他福利机构，孩子们会不适应。在征得民政部门同意的情况下，陈希与民政部门同志沟通了注意事项，并保证随时可以与她联系了解孩子们的状况。

陈希找到两个小朋友，挪了椅子坐下，稳了稳声音才缓缓开口：“孩子们，你们的爸爸妈妈遇到一些事情，暂时不能和你们见面，警察叔叔们还在寻找他们，你们很快就能见面的。这几天，到阿姨家里去住好不好？”

“爸爸妈妈怎么了？他们是不是不要我们了？”作为姐姐的姜有紧紧抓住弟弟姜为的手，带着哭腔说。

“没有这回事。”陈希看着孩子，心中百感交集。她想到了自己的孩子，她已年近半百，以前经常因为工作繁忙而疏于对儿子的照顾，虽然儿子健康长大了，却与她并不亲近。那会儿的她才醒悟，孩子是需要用心陪伴的。“阿姨向你们保证，你们的爸爸妈妈没有不要你们，他们只是去处理紧急的事情了，不久之后就会回来的。”

“你们要做的就是好好念书，健康快乐地成长，知道吗？”陈希看到孩子哭，心软了下来。此时的她，虽然是个警官，但同时是位母亲。她伸出双臂，抱住了孩子，说：“咱们回家吧……”

“呜呜呜……好。”姜有、姜为一边抹眼泪一边答应。

接下来几天，陈希接送他们上下学，给他们做好吃的。家里有了两个孩子，让原本空旷的房子变得充满了烟火气。

两个孩子刚来到“新家”特别拘谨，小心翼翼。陈希警官无微不至的照顾让他们开始熟络起来，两个孩子没有先前的胆怯了。他们乖巧懂事，“谢谢阿姨”是最近陈希听到的最多的一句话。

而在另一边，交通事故的救援工作仍在进行。连环交通事故发生后，先后有一辆大巴和三辆小汽车坠崖。由于崖底地质结构复杂，又遭受多次撞击，很多地方出现不同程度的塌方。事故搜救过程中发现部分人员失踪。有几个人被困在山洞里面，每个人都有不同程度的受伤，找不到出口又没有食物。大家为了省力气，都静静地躺在地上，安静到能听到自己的呼吸声。

这几个人随身携带的手机早已摔坏，好不容易找到一个相对完整的手机，又因为电量不足自动关机。这下大家彻底绝望，只能寄希望于救援人员早日找到他们。

忽然，眼前有一只蝴蝶在翩翩起舞，似乎在为人们加油鼓劲。可奇怪的是，蝴蝶久久不愿离去，从一开始的注视人群到围着人群盘旋，大家都感到很奇怪。这时候姜爸爸使尽全力站了起来，强忍着眩晕靠近蝴蝶。当他靠近时，蝴蝶飞走了，但是飞得很慢。姜爸爸跟了蝴蝶十多米，发现原来蝴蝶在带路，山洞拐角处在滴水。尽管每隔一分钟才滴下一滴，但大家终于找到水源了！

蝴蝶高兴地起舞，随后又围着滴水旁边的几株荆棘枝盘旋，姜爸爸靠近一看，原来枝条上长满了黄豆大小的橙黄色果子。有了之前的找水经历，再加上大家已经将近两天两夜没吃没喝了，既渴又饿，姜爸爸赶紧摘下一颗试探性地尝了一口，酸酸甜甜，有一股淡橘香味，再认真观察一下枝条，立刻激动起来，这不就是百科全书中提到的一种可食用的野果子吗？他赶紧采摘一些带回去给大家充饥补水。随后，他带着几个还能站起来的伤员一起为大家采摘。

小未趁着他们正激动地吃野果子，收回了那只全息投影的蝴蝶，此时，谁也没有注意刚刚那只救命的蝴蝶哪儿去了。小未这次调研的地方正好在事故周边，它看到了新闻报道，便悄悄地参与救援工作，通过定位、数据分析等为被困在山洞中的几个人找到了水源和可以充饥的沙棘果。

虽然离事故发生的时间已经过去五天，但是调查救援组仍未放弃，还在动员更多救援力量参与失踪人员的搜救工作。随着时间一分一秒地流逝，恐惧和失落笼罩在每个人的周围。

当大家开始叹惋时，奇迹发生了！生命探测仪的信号灯不断闪烁，大家跟着信号灯向前走，走了特别长的一段距离，远远看见一个山洞，隐隐约约有人在那里。

奇迹啊！搜查队在悬崖下的一个山洞里寻着人了！与其说是

一个山洞，不如说是一个小窟窿。

拿着探测仪的警员很惊讶：虽说这款雷达生命探测仪已经是目前最先进的了，但是它的最大辐射范围只能达到500米，可是从刚刚发现信号到找到这个塌方的山洞已经有1500米了！此时，大家都沉浸在发现奇迹的喜悦中，没有太在意生命探测仪的辐射范围问题。谁也不会知道是小未在暗中操作，小未通过增大功率提高生命探测仪的辐射范围，让困在山洞的人尽快被救援队发现。

"搜救队！"

洞里的人们纷纷回应，沙哑的嗓音中透露着他们的求生欲。不容懈怠，全体伤者都被转移至医院。

大家激动不已，本次的事故在这么多天后还能找到被困的幸存者，真的是奇迹降临！

陈希把两个孩子带到他们父母面前："爸爸妈妈！"姜有、姜为瞬间两眼泪汪汪，哭着钻进大人的怀抱。

陈希警官看着眼前这一幕，舒心地笑了。

“谢谢阿姨！”孩子们又转过头来，眼睛里蕴藏着诚挚的谢意。

“谢谢陈希警官，还有民政部门的同志们，感谢各位同志对孩子们的照顾。这个事故像这几天的大雨一样，但是大雨没有淹没我们对生命的希望，也没有淋湿我们孩子的衣裳，感谢您为我们‘撑伞’。”

常警官说

监护制度是为保护无民事行为能力人、限制民事行为能力人的人身利益与财产利益而设置的。我国颁布的《民法典》规定，因发生突发事件等紧急情况，生活处于无人照料状态的被监护人，可以获得住所地居民委员会、村民委员会等安排的临时生活照料。这一规定的出台，进一步完善了我国对被监护人的保护制度，《未成年人保护法》也对未成年人的临时监护作出明确规定。

临时监护制度的建立和完善为未成年人的健康成长提供了全方位保障，当我们遇到困难时，可以积极寻求政府帮助。

法条链接

《中华人民共和国未成年人保护法》

第九十二条 具有下列情形之一的，民政部门应当依法对未成年人进行临时监护：

（一）未成年人流浪乞讨或者身份不明，暂时查找不到父母或者其他监护人；

（二）监护人下落不明且无其他人可以担任监护人；

（三）监护人因自身客观原因或者因发生自然灾害、事故灾难、公共卫生事件等突发事件不能履行监护职责，导致未成年人监护缺失；

（四）监护人拒绝或者怠于履行监护职责，导致未成年人处于无人照料的状态；

（五）监护人教唆、利用未成年人实施违法犯罪行为，未成年人需要被带离安置；

（六）未成年人遭受监护人严重伤害或者面临人身安全威胁，需要被紧急安置；

（七）法律规定的其他情形。

想一想

同学们，假如作出最坏的打算，姜有、姜为的爸爸妈妈没有被成功搜救，他们失去了亲人。他们应该怎样取得长期监护呢？

20

小“证人”

江小北做了一个奇怪的梦，梦中她仍是一个初二学生……

小北假期和朋友出去玩，傍晚回家的时候，撞见了未曾见过的一幕。

事情发生在一个无名小区，前面有一条连通柏油马路的小路。

一辆车飞驰而过，速度极快，从另一辆三轮车旁边擦过的瞬间车头一拐，“轰”的一声，三轮车撞到了左侧矮墙上。这里是危楼，准备拆，无人居住。这样强烈的撞击，楼看着有倾倒的危险。

汽车司机准备逃逸。

“走吧走吧！”朋友拉着小北，想快速逃离这个地方。

“我……”小北挪不开步子，她心里受到巨大冲击。这个司机在犯罪！小北举起相机，摁下快门。相机未静音，连续几张照片的“咔嚓”声回响在两幢楼宇之间。

汽车司机闻声回头，双目紧紧盯着两个女孩子：“你们……拍照了？”他一步步逼近，手脚变化成了爪子，头顶长出倒钩一样的犄角，身体变大了，声音变得沙哑，嘴里随着呼吸冒出点点火星。

“怪兽啊！”两个女孩尖叫着往后逃跑，却惊恐地发现后路被阻断了，背面是一大片悬崖。黑漆漆的深渊赤裸地盯着她们。

“怪物！你伤害了别人，大家不会放过你的！”小北深知没有退路可言，咬牙切齿地对面前不知道如何称呼的东西发狠话。

“又有谁知道呢？这里没有监控摄像头，也没有其他人，而你们也将永远闭嘴。”说着，他又向前逼近。

“你太小瞧我们了！”朋友抓紧小北的手，另一只手幻化出了宝物。“法之权杖！”一阵光从法杖中射出，击中怪物，怪物被绑住，枷锁上写满了法条。

“你们！”

“在人类社会还如此猖狂！我们会把你的行径告诉特殊法庭，等着接受审判吧！”

“你们等着，无论是几年，还是几十年，我一定会回来报仇的！”

随后，朋友便带着小北走了。

“你是……”小北看着朋友身后洁白而宽大的翅膀，惊异又好奇地摸了摸。

这下不好再伪装了，朋友无奈地耸耸肩：“我是特殊法庭派出的特工。因为最近有很多恶念衍生的怪物在人类社会胡作非为，有很多人员被派遣下来潜入人间伪装调查。”

“无论我是谁，我仍然是你的朋友。但是，这个要帮我保密哦。”朋友收起了翅膀，眨了眨眼。

“嗯！”小北心中骄傲起来，为有这样一位朋友感到荣幸。

“其实我早就识别出来它是怪物啦。本来想拉着你先走，之后我再回来。可你这么勇敢，在那么危险的情况下，还会记录证据。”

“为正义挺身而出不是理所应当的嘛！”小北仰望天空，转而叹了口气。

“我知道你在想什么。以后它不会来找你的，也不会伤害你。审判庭事后会清除怪物的记忆，引导其向上向善。”朋友拍着小北的肩膀，安慰道。

“那真是太好了……”小北沉下肩，总算是放下心来了。

小北醒来很恍惚，揉了揉眼睛清醒一下，原来那些都是梦中的情形。现实中怎么可能有怪物，又怎么可能有立马抹去记忆的药水。

可是，如果现实生活中碰巧遇到这样的事，拍下证据去作证，坏人报复自己怎么办啊？

她告诉了小未自己心中的疑惑，小未转了一下它的身子，昂首挺胸地说：“哼哼，这可是我的强项。”

“按照《刑事诉讼法》的相关规定，证人一般应当出庭作证。但是《未成年人保护法》对未成年人的司法保护进行了专门规定，比如，涉及未成年人案件，未成年被害人、证人一般不出庭作证；必须出庭的，应当采取保护其隐私的技术手段和心理干预等保护措施等。未来对未成年人的司法保护制度还会更加完善，涉及司法过程中的方方面面。哎呀！这些说来话长，就暂时不跟你讲啦。”

经过小未的普法，小北茅塞顿开，连忙拿出本子记录。

小北沉浸在自己的世界里，以至于江妈妈进卧室的时候，她都没注意。

“小北，在写什么呢？”

“妈妈！我在记一些法律小知识，关于我们未成年人的。”小北心满意足地用笔尖敲了敲本子。

“妈妈，你看啊！《未成年人保护法》规定未成年证人一般不出庭作证；必须出庭的，应当要有保护措施。”小北画出了重点。

“不过有些法条有点难懂。”她随后又皱了皱眉头。

“那具体的实践方面，我们可以去问问你阿姨。”江妈妈摸了摸小北的头。

“阿姨？”

“对呀！你好朋友的妈妈是律师，之前不是还来我们家做客的嘛？”江妈妈掩嘴一笑。

“哦哦！”小北心里偷乐，妈妈说的那位朋友是梦里的“特殊法庭派出特工”。她以后应该也是一名维护正义的律师吧！

常警官说

同学们，遇到危险的时候，首先要照顾好自己，在自己安全的情况下，再考虑去记录证据，惩治坏人。如果你们可以提供证据帮助警察叔叔破案，你们也不需要有顾虑，警察叔叔一定会保证你们的人身安全。

法条链接

《中华人民共和国未成年人保护法》

第一百一十条　公安机关、人民检察院、人民法院讯问未成年犯罪嫌疑人、被告人，询问未成年被害人、证人，应当依法通知其法定代理人或者其成年亲属、所在学校的代表等合适成年人到场，并采取适当方式，在适当场所进行，保障未成年人的名誉权、隐私权和其他合法权益。

人民法院开庭审理涉及未成年人案件，未成年被害人、证人一般不出庭作证；必须出庭的，应当采取保护其隐私的技术手段和心理干预等保护措施。

想一想

同学们，想一想证人在庭审中起到什么作用？